EDITION Leidfaden
Hrsg. von Monika Müller

Die Buchreihe *Edition Leidfaden* ist Teil des Programmschwerpunkts »Trauerbegleitung« bei Vandenhoeck & Ruprecht, in dessen Zentrum seit 2012 die Zeitschrift »Leidfaden – Fachmagazin für Krisen, Leid, Trauer« steht. Die Edition bietet Grundlagen zu wichtigen Einzelthemen und Fragestellungen im (semi-)professionellen Umgang mit Trauernden.

Heiderose Gärtner-Schultz

Der richtige Satz zur richtigen Zeit

Kurzzeitberatung in der Trauerbegleitung

Mit einem Vorwort von Monika Müller

Vandenhoeck & Ruprecht

Mit 3 Abbildungen

Bibliografische Information der Deutschen Nationalbibliothek
Die Deutsche Nationalbibliothek verzeichnet diese Publikation in der
Deutschen Nationalbibliografie; detaillierte bibliografische Daten sind
im Internet über http://dnb.d-nb.de abrufbar.

ISBN 978-3-525-40286-3

Weitere Ausgaben und Online-Angebote sind erhältlich unter: www.v-r.de

Umschlagabbildung: gerhardp, pearl/Shutterstock.com

© 2017, Vandenhoeck & Ruprecht GmbH & Co. KG,
Theaterstraße 13, D-37073 Göttingen /
Vandenhoeck & Ruprecht LLC, Bristol, CT, U.S.A.
www.v-r.de
Alle Rechte vorbehalten. Das Werk und seine Teile sind urheberrechtlich
geschützt. Jede Verwertung in anderen als den gesetzlich zugelassenen
Fällen bedarf der vorherigen schriftlichen Einwilligung des Verlages.
Printed in Germany.

Satz: SchwabScantechnik, Göttingen
Druck und Bindung: ⊕ Hubert & Co GmbH & Co. KG,
Robert-Bosch-Breite 6, D-37079 Göttingen

Gedruckt auf alterungsbeständigem Papier.

Inhalt

Vorwort 7
Zu Beginn 9

Teil 1

Was ist Kompaktberatung? 11
  Menschenbild 12
  Dezentrierung 17
  Die Macht der Worte 19
  Die Wirkmächtigkeit des Wortes in der Bibel 22
  Das Wort in der Poesie 23
  Die Bedeutung von Worten im Märchen 24
  Segen und Fluch 25
  Serendipität 28
  Erlösung vom Machbarkeitswahn 29
Hirnphysiologische Erkenntnisse 30
  Der Geistesblitz 30
  Der Aha-Effekt 31
Kompaktberatung als Modell der Zukunft 34
Der Hintergrund: Apophthegmata der Wüstenmönche 38
  Bedingungen der Entstehungszeit der Apophthegmata 38
  Herzens- und Seelenbildung als Vorbereitung der
  Apophthegmata-Begleitung 39
  Die seelsorgliche Begleitung der Wüstenmönche und -nonnen
  als Vorbild für eine Beratungsarbeit von heute 44
  Wie funktioniert Kompaktberatung? 45

Teil 2

Wenige Worte nützen 47
  Schlüsselmomente 52

Leid und Tod sind Teil des Lebens 55
   Umgang mit der Vergänglichkeit des Daseins bei Frankl 55
   Hilflosigkeits- und Sinnlosigkeitsgefühle 60
   Trauer als Neuanfang 66
   Sterben als Aufgabe betrachten 68
   Suizid als gesellschaftlicher Unfall? 69
Leben gelingt im »Dazwischen« 72
   Zwischen Versöhnung und Verzweiflung 76
   Zwischen Annahme und Auflehnung 79
   Zwischen Weisheit und Besserwisserei 82
   Zwischen Gelassenheit und Gleichgültigkeit 84
   Zwischen Liebesfähigkeit und Hartherzigkeit 86

Teil 3
Wie finde ich die richtigen Sätze zur richtigen Zeit? 89
   Geistesgegenwart 89
   Auftragsklärung 90
Antennen auf Empfang 92
   Wie Wahrnehmung funktioniert 92
   Intuition 101
   Kreativität 103
   Bildliches Denken 105
   Differenzierte Wahrnehmung 106
   Spielen 110
   Achtsamkeit 113
   Versöhnung 119
   Humor 121
   Gebet/Meditation 124
   Staunen 128
Das richtige Wort zur richtigen Zeit – wie kann das gehen? 130
   Die richtige Gelegenheit – Kairos 130
   Zuhören 130
   Agieren 131
Loslassen auf Zukunft hin 133
Zum Mitnehmen 133

Literatur 134

Vorwort

Gerade in der Begleitung trauernder Menschen gibt es oft lang andauernde Prozesse, die irgendwann nicht mehr mit der Verlustbearbeitung zu tun haben. Manchmal gibt es das Problem, dass Klientinnen sich nicht von der Beraterin trennen möchten, weil sie ihnen treue Gesamtlebensbegleiterin wurde oder sogar ansatzweise Ersatzperson für den verlorenen Menschen. Gerade hier ist meines Erachtens die Kompaktberatung angebracht, um nicht ausschließlich in Endlosschleifen auf den erlittenen Verlust zu schauen, sondern auf ein mögliches und ein möglichst gutes Leben mit dem Verlust.

Bei der Kompaktberatung wird besonders die Expertinnenschaft der Klientin (»die immer schon ihre Lösungen mitbringt«) für ihre eigenen Probleme in den Vordergrund gestellt. Nach vorn gerichtet geht es darum, eine Atmosphäre zu schaffen, in der ausreichend Raum für die Trauer ist, in dem kreative Lösungen und positive Zukunftsbilder erschaffen werden können. Es geht um den Ausdruck und Fortschritt eines Problems, nicht so sehr um seine Entstehung.

»Es gibt im Leben immer Augenblicke, wo man überrascht wird [...] Nicht von einem Ereignis, dem Gang der Dinge, sondern von einem Satz. Von einem einzigen Satz, den man dann nicht vergessen kann«, so der große Literaturkritiker Marcel Reich-Ranicki in einem Interview im Oktober 2008 mit der FAZ. Auch Klienten sagen so etwas nicht selten zu ihren Beraterinnen und Begleiterinnen: »Damals haben Sie mal das und das zu mir gesagt, das war ein Wendepunkt ...« Oder: »Verstanden habe ich es nicht direkt, aber gewirkt hat es irgendwie ...« Solche »Zauberworte« haben das Ziel, andere Sichtweisen und ungenutzte Ressourcen der Klientinnen hervorzulocken und zu aktivieren. Nicht zuletzt die paradoxe Intention ist dafür ein einleuchtendes Beispiel.

In der Kompaktberatung geht es vor allem um Intuition, um zu gegebener Zeit beim richtigen Menschen das passende Wort zu finden. Dazu bietet das Buch viel Hintergrundwissen und eine Fülle anschaulicher Beispiele und Möglichkeiten.

Den Leserinnen wird es überlassen sein, sich in dieser Intuition zu üben und sie nicht mit spontanem Bauchgefühl und dem Geben von Ratschlägen zu verwechseln.

Monika Müller

Zu Beginn

»Ein Satz kann ein Leben verändern« – das ist eine Erfahrung, die Menschen immer wieder machen. Sie vergessen dieses Erlebnis in ihrem ganzen Leben nicht. »Es geht einem ein Licht auf«, sagen wir, wenn eine neue Erkenntnis uns trifft. Diesem Phänomen wird in diesem Buch nachgespürt. Kann man und wie kann man durch einen Satz, eine Geschichte im Anderen etwas auslösen, was ihm weiterhilft? Allein die »Kraft des Staunens, des Erwartens, des Wunderns löst wundersame Dinge in uns aus, in alle Richtungen« (von Hirschhausen, 2016, S. 25).

Mein Beratungsansatz, ich habe ihn Kompaktberatung genannt, geht davon aus, dass vieles im zwischenmenschlichen Bereich möglich ist, was wir manchmal nicht zu hoffen wagen oder nicht glauben. Mithilfe von kurzen verbalen Eingriffen gilt es, Menschen in ihrem Leben auf die Sprünge zu helfen; vorausgesetzt ist, dass sie das auch wollen. Die Erkenntnisse der Neuroplastizität zeigen, dass Verhaltensänderungen durch verblüffende Interventionen hervorgerufen werden können (Hüther, 2005). Deshalb lohnt es sich, für die Situationen gerüstet zu sein, in denen ein Satz oder eine Geschichte gefragt ist, die den Anderen voranbringt. Worte können heilen und somit als »ohrale Medizin« (von Hirschhausen, 2016, S. 411) betrachtet und eingesetzt werden.

Heiderose Gärtner-Schultz

Teil 1

Was ist Kompaktberatung?

Dieses Beratungsmodell zählt zu den Kurztherapien, die Ende der 1960er und Anfang der 1970er Jahre größere Beachtung fanden. In einer Kurztherapie, einer begrenzten Begleitung, werden die Probleme, Konflikte und Störungen nicht vertieft, sondern es werden die vorhandenen Kompetenzen und Ressourcen genutzt. Bei dieser Beratungsform werden keine Interpretationen des Gesagten durch Beratende vorgenommen, sondern es wird phänomenologisch vorgegangen. Daher werden zum Beispiel keine Warum-Fragen gestellt.

Eine Kurztherapie bzw. die Kompaktberatung kann auch deswegen kurz sein, weil sie von der Annahme ausgeht, dass innerhalb der Beratungszeit nur Anregungen und Anstöße für die eigentlichen Entwicklungs- und Veränderungsprozesse gegeben werden, die im konkreten Alltag des Menschen umgesetzt bzw. vollzogen werden müssen.

Die lösungsorientierte Kurzzeitberatung wurde vor allem im Beratungsformat nach Steve de Shazer (2004) entwickelt. Die Welt der Probleme und Herausforderungen wird verlassen und man konzentriert sich auf Lösungen, Wünsche, Ziele und Ressourcen. Die Suche nach den eigenen Quellen und das Extrahieren von im Leben Gelungenem werden geübt, anstatt auf die Analyse der Probleme und deren Entstehung zu schauen. Um diesen Ansatz zu verwirklichen, wird zum Beispiel zu Beginn des Gesprächs gefragt, was der Klient in der vergangenen Woche an Positivem erlebt und getan hat, wie etwa Sport oder andere Hobbys. Dadurch wird auf Bejahendes eingestimmt.

Lösungsfokussiertes Arbeiten hat zum Ziel, mit dem Rat- und Trostsuchenden gemeinsam Perspektiven zu entwickeln, die ermutigen, die selbst gefundenen Schritte in Richtung der angestrebten Ziele zu gehen. Die angewandte Kommunikation verzichtet auf Festlegungen, die sich aus Diagnosestellungen ergeben, weil diese sich vorwiegend an den Defiziten des Individuums ausrichten.

Menschenbild

Die Überlegungen zur hier dargestellten Begleitung basieren auf den Grundüberlegungen zum Menschenbild der sinnorientierten Psychotherapie, die der Wiener Psychiater Viktor E. Frankl entwickelt hat. Der Begründer der Logotherapie war dem jüdischen Glauben und Menschenbild verpflichtet. Dementsprechend ist die Logotherapie keine Therapieform, die sich mit Religion und Glauben als einem pathologischen Phänomen auseinandersetzt. Sie legt den Menschen nicht auf eine psychologische Theorie fest, sondern bezieht vielmehr das logotherapeutische Menschenbild und den Geist als anthropologische Grundkonstante in die Überlegungen vom Menschsein mit ein. Das Geistige ist die in jedem Menschen angenommene Größe, die nicht erkranken kann und immer ansprechbar ist. Gleichzeitig ist das Geistige stets unverfügbar und lässt sich nicht hervorzwingen. Das Postulat der Unverfügbarkeit des Geistes bedingt, dass ein Mensch nicht eingeordnet oder festgelegt werden kann nach dem Motto: »Die bipolare Störung von Zimmer 2.«

Viktor E. Frankl wurde 1905 in Wien geboren. 1939 erlitt seine Karriere einen schweren Einbruch durch seine Internierung in das Konzentrationslager Auschwitz. In der Zeit der Inhaftierung legte er gedanklich den Grundstein für seine weiteren Überlegungen zur Anthropologie, als deren Konsequenz er die Existenzanalyse und Logotherapie entwickelte (Frankl, 1996). Frankl wurde später Professor für Neurologie und Psychiatrie an der Universität Wien, zugleich unter anderem Professor für Logotherapie an der United States International University von Kalifornien.

Als Jude, der sich der alttestamentlichen Tradition verpflichtet weiß, zitiert Frankl immer wieder Bibelstellen und gebraucht diese für seine Argumentation. Gerade seine Ausführungen über das Menschenbild können für ein Gespräch mit Theologen, Philosophen und Psychologen wesentlich sein, zumal er auch den Grenzbereich zwischen Theologie und Psychotherapie ausdrücklich beleuchtet (vgl. Frankl, 1974).

»Der Mensch ist nichts weiter als ...« – gegen diesen stereotypen Halbsatz des Reduktionismus hat Frankl sein Leben lang gekämpft. Mit Sigmund Freud, der in seinem Ansatz der Psychoanalyse zu verstehen gab, der Mensch sei nicht »Herr im eigenen Hause«, sondern von seinen Trieben dominiert, wandte man sich dem Determinismus zu: Der Mensch war durch das ihm innewohnende »Es« vom »Unbewussten« gesteuert. Alfred Adler hob danach das Einmalige des Menschen hervor und begründete die Individualpsychologie als sogenannte zweite Wiener Schule. Viktor E. Frankl vertrat hingegen innerhalb seiner Existenzanalyse ein Bild des Menschen, das wesentlich von seiner Personalität geprägt ist und der damit verbundenen Geistigkeit, die sich in Freiheit und Verantwortlichkeit zeigt. Nach Frankl besitzt der Mensch die Fähigkeit, die Frage nach dem Sinn von Handeln und Leben zu stellen und beantworten zu können. Als sprachbegabtem Vernunft- und Verstandeswesen sind dem Menschen die Voraussetzungen für eine selbstbezogene Sinnreflexion gegeben. Frankl sieht den Menschen nicht einseitig biologisch, psychologisch oder soziologisch vorherbestimmt. Menschliche Ganzheit ist vielmehr eine psycho-physische und geistig-personale Einheit, die mehrdimensional ist, wobei sich die geistige Ebene der Verfügbarkeit entzieht (Dimensionalontologie). Frankl erläutert zum Verständnis des Geistbegriffs, dass, wenn ein dreidimensionaler Gegenstand (zum Beispiel ein Zylinder, ein Kegel oder eine Kugel) auf eine Fläche projiziert wird und wenn man nur die Projektion sieht, ein wichtiger Bereich vernachlässigt wird, weil man nur das zweidimensionale Abbild sieht (Frankl, 1984). Es gilt daher, die geistige Ebene in die Behandlung einzubeziehen. Man muss laut Frankl dem Menschen wieder Mut zum Geist machen und den »Willen zum Sinn« anregen (Frankl, 1982). Denn der Mensch hat Geist und ist ein geistiges Wesen. Als Mensch, hineingeboren in eine bestimmte Zeit und versehen mit individuellen Anlagen, ist er einerseits dem Schicksal ausgeliefert, kann aber andererseits eine Haltung dem Vorfindlichen gegenüber einnehmen, die ihn dann nicht mehr ausgeliefert sein lässt. Er kann sich seinen Bedingungen biologischer, psychologischer und sozialer Natur gegenüber verhalten. Er ist nicht machtlos preisgegeben. Der Mensch ist zur Selbstbestimmung fähig. Seine Bedingungen konditionieren ihn zwar, aber er hat die Freiheit, damit umzugehen. Der Geist ist Trotzmacht bei Schicksalsschlägen, wie bei Arbeitsverlust, Verfolgung oder schwerer Krankheit. Der Mensch fängt dort an zu sein, wo er sich seinen Bedingungen gegenüberstellt. Frankl benutzt den Begriff der Selbsttranszendenz für die Möglichkeit des Von-sich-selbst-Absehens und des Über-sich-hinaus-Gehens.

Ein sinnvolles Leben ist jedem Menschen möglich. Es gilt, den Sinn des jeweiligen Momentes aufzuspüren. Er ist da und kann gefunden werden (Gärtner, 1997). Wie das richtige Handeln aussieht, vermittelt das Gewissen (Frankl, 1984). Auch ein Todkranker kann seinem Lebensrest Sinn abgewinnen und sich zum Beispiel dem Tod in gelassener Hingabe stellen.

Mag durch die kurze Beschreibung des Frankl'schen Ansatzes dem Lesenden der Gedanke eines eingeforderten Heroismus durch den Kopf gehen, so ist das durchaus ein Vorwurf, mit dem sich Frankl auseinandersetzen musste. Allerdings muss man sagen, dass das Postulat der Kraft des Geistes und die Tatsache, dass seine Überlegungen und Hilfsmethoden aus Erfahrung gewonnen und weiterverarbeitet wurden, dieses schnelle Urteil entkräften. Er verbrachte vier Jahre im Konzentrationslager und war sich sicher, dass die »Trotzmacht des Geistes«, wie ein Buch von ihm heißt, ihm sein Überleben trotz widriger Umstände sicherte. Das, was er für sich in dieser Zeit erfahren hatte, wollte er an alle Menschen weitergeben. Diesen Lebensplan hat er nach der Befreiung aus dem Lager auch verwirklicht.

Die Kompaktberatung beruht auf den Frankl'schen Überlegungen, dass der Mensch auf Sinn ausgerichtet und bestrebt ist, in allen Lebenslagen und Problemsituationen Sinn zu erkennen. Er wird in einer für ihn schwierigen Lage versuchen, Antworten auf die Frage nach dem Sinn zu bekommen, und er wird bemüht sein, für ihn unsinnige Situationen und Erlebnisse zu klären.

Der Geist als virtuelle Größe garantiert einen Erfolg des Miteinander-in-Beziehung-Tretens. Er ist auch in aussichtslos erscheinenden Fällen vorhanden und bietet die Möglichkeit, Schlüssel für scheinbar Unlösbares zu finden. Das Geistige ist sozusagen als etwas Weiteres und Drittes zu denken, eine Ebene, die sich dazwischenschiebt und vorhanden, aber nicht beeinflussbar ist. »In diesem Dazwischen entsteht jedoch noch etwas, das sich dem Mittelbaren und dem Unmittelbaren entzieht, das sozusagen als Drittes zu den zwei sich Begegnenden hinzutritt. Es ist an sich unvermittelbar. – *Das Unvermittelbare:* Alle jene Ereignisse im Dazwischen der beratenden und therapeutischen Beziehung, welche nicht vorhersehbar, nicht einsetzbar oder machbar, nicht reproduzierbar sind und deshalb auch unvermittelbar bleiben, haben die Charakteristik von etwas überraschend Eintreffendem. Dieses Eintreffende im Zwei der Begegnung wird nun zum ›Dritten‹. Das Dritte selbst ist kaum definierbar. Im Nachhinein hingegen ist das Ereignis des Dritten beschreibbar und vergleichbar. Gewisse Randbedingungen, welche zum Ereignis führen können, sind ebenfalls bestimmbar, niemals jedoch die Logik des zwingenden Eintretens des Dritten. Ähnliche Phänomene der Unsicherheit und der Unschärfe in Bezug auf die Erfassung von erscheinenden und eintretenden Ereignissen kennen wir in der Naturwissenschaft« (vgl. Eberhart u. Knill, 2009, S. 54 f.). In der Begegnung, im Gespräch von zwei Menschen nimmt ein »Drittes« in Gestalt einer Geschichte, eines Wortes teil und erweitert den Dialog, sodass er zum Trialog wird. Aus dem Gesagten wird Geschehendes, es ereignet sich etwas. Die Unterbrechung von Problemfokussierung wird mithilfe von Dezentrierungsübungen, seien sie aus dem Bereich der Musik, der bildenden Kunst oder des Tanzes, angeleitet. Bewusst wird ein Drittes als Medium eingeführt, das eingeschliffenes und gewohntes Denken unterbricht. Dieses »ganz Andere« eröffnet Freiräume und lässt dem menschlichen Geist (vgl. Frankl, 1984) Spielräume, die nach dieser Aktion zur Problemlösung genutzt werden können. Die Angebote zur Dezentrierung sind absichtsfrei und ihre Wirkung ist nicht planbar.

Als Möglichkeiten, das Geistige zu stimulieren, hat Frankl unter anderem die Nutzung des Humors und die paradoxe Intention entwickelt. Mithilfe des Unerwarteten werden Reize ausgesendet, die Verblüffung, in der heutigen Diktion einen Aha-Effekt, auslösen. Dieses Geschehen ist ungewöhnlich und lenkt von der Problemfokussierung ab. Die Dezentrierung schafft weite »Spiel«räume zum Denken, Tun und Schaffen. Eine neue Sicht auf das Geschehen entsteht. Was den Blick verstellte, ist wie weggezogen. Ein Stück »frei werden« ist entstanden. Etwas ist dazwischengetreten, die Verblüffung, ein Drittes, das Distanz schafft.

Dezentrierung

Der Begriff »Dezentrierung« kann aus der Entwicklungspsychologie hergeleitet werden. Er bezieht sich auf die Phase der Beziehungsaufnahme des Kindes zu anderen und das Verlassen der Selbstbezogenheit (vgl. Eberhart u. Knill, 2009). Das Wort »dezentrieren« beschreibt also den Schritt eines Kindes zu einer neuen Form der Wahrnehmung. War zuerst nur ein Gegenstand für das Kind wahrnehmbar, wird mit zunehmendem Alter auch die Konzentration auf etwas Zweites möglich (Piaget, 1983).

Abbildung 1:
Mehrdeutig, Heiderose Gärtner-Schultz, 2017

Dezentrierung, das heißt kurze Interventionen, die neue Assoziations- und Denkmuster provozieren, meint in der Beratung und Begleitung, den in und mit seinem Problem verstrickten Menschen die Chance zu geben, sich aus der eigenen Problemumklammerung zu lösen. Dies kann in unterschiedlichen Weisen erfolgen, wie etwa durch Humor, paradoxe Intention, Kunstinstallation oder Ähnliches. Vertreter des Konstruktivismus wenden zum Beispiel paradoxe Aufgaben zum konsequenten Wechsel von Wahrnehmungspositionen an. Ziel ist, die verfügbaren Handlungsoptionen zu erweitern. Es geht um Vergrößerung von Möglichkeiten, die sich eine Person durch dieses Vorgehen eröffnen kann. Dies ist im Beratungskontext von entscheidender Relevanz. Es werden festsitzende und oft negative Überzeugungen destabilisiert und überraschende Perspektiven eröffnet.

Bei einem Vexierbild sind verschiedene Formen oder Gesichter zu erkennen, je nachdem, wie ein Mensch darauf schaut. Ich sehe, was ich aufgrund meiner Geschichte und Herkunft sehen kann und will. Mithilfe der Sichtweise eines anderen kann ich im Bild und eventuell auch im Leben etwas sehen und erkennen, was ich bisher nicht wahrgenommen habe. Eine andere Perspektive kann sich eröffnen.

Neues und anderes in einer scheinbar ausweglosen Situation erkennen zu können wird durch eine Dezentrierung möglich, einer gezielten Wegwendung vom Problem. Aber wie kommt es, dass zum Beispiel eine nachdenkliche Anekdote, etwas zum Schmunzeln oder die Beschäftigung mit ganz anderen Dingen bewirkt, dass der Knoten sich löst und ein Problem den Menschen nicht mehr vollständig im Griff hat?

Es ist das Mehr, der Geist, dem durch gezielte Ablenkung Raum verschafft wird. Es geschieht etwas, das die Aufmerksamkeit auf sich zieht. Ein kurzer Satz führt die Gedanken auf andere Bahnen. Durch die Beschäftigung mit etwas anderem geschieht ein Stück Befreiung. Etwas tritt dazwischen. Aus einem Dialog wird ein Trialog. Als Zweites weitet diese Interaktion den Blick nicht nur durch das andere Tun einer Sache, sondern eine neue Dimension nimmt im Interaktionsgeschehen Platz. Der Trialog öffnet sich in einen anderen Bereich. Das Gehirn reagiert auf die anderen Reize, kreative Areale werden angesprochen, spirituelle Dimensionen tun sich auf und die Atmosphäre wird frei und offen für Ungedachtes, Unbewusstes und Unverfügbares.

Wenn in dieser Arbeit davon gesprochen wird, dass dem Dritten Raum gegeben wird und konkrete Anleitung dafür angeboten wird, meint dieses Bild einen inneren, virtuellen Bereich, nämlich die Öffnung von eingefahren Haltungen hin zu etwas Neuem und die Erweiterung der mentalen Einstellungen auf unvorhergesehene Geschehnisse. Wenn vom »third space« (Bhabha, 2000) die Rede ist, kann zum Beispiel auch an etwas Konkretes, wie eine Bühne, gedacht werden. Es kann nach Paulo Freire (1971) zudem die Zeit gemeint sein, die zwischen Vision und Verwirklichung eines Zieles liegt, oder ein virtueller Übungsplatz, in dem neue Verhaltensmuster erprobt werden.

Die Macht der Worte

Eine groß angelegte Studie zeigte, wie wichtig ausgetauschte Worte sein können. Die eine Gruppe hatte die Aufgabe, während ihrer täglichen Fahrt zur Arbeit mit öffentlichen Verkehrsmitteln ein Gespräch mit jemandem anzufangen. Die andere war mit Walkman etc. »bewaffnet« und sollte jeden sprachlichen Kontakt vermeiden. Diejenigen Teilnehmer, die mit anderen reden mussten, empfanden erstaunlicherweise und unabhängig davon, ob sie introvertiert oder extrovertiert waren, die Fahrt als angenehmer. »Die Erkenntnisse der Neurowissenschaft bestätigen die Wirkung von Worten. Sie wirken sich positiv auf den gesamten menschlichen Organismus aus« (von Hirschhausen, 2016, S. 272).

Worte tun gut, sie wirken und haben Macht. »Jemanden mit gereimten oder verdichteten Worten zu beruhigen und zu beschwören, gehört zu den ältesten Heilungsritualen« (von Hirschhausen, 2016, S. 411). In Begleitung und Beratung »berühren« wir Menschen mit Worten und »rühren« im besten Fall ihr Herz an. Mit dem Begriff »berühren« wird deutlich gemacht, dass miteinander zu sprechen mehr ist als ein Gedankenaustausch. Worte »machen etwas« mit dem Anderen, wie Wilhelm Willms in seinem Gedicht sagt:

Wußten sie schon
Wußten sie schon
daß die nähe eines menschen
gesund machen
krank machen
tot und lebendig machen kann
wußten sie schon
daß die nähe eines menschen
gut machen
böse machen
traurig und froh machen kann
wußten sie schon
daß das wegbleiben eines menschen
sterben lassen kann
daß das kommen eines menschen
wieder leben läßt
wußten sie schon
daß die stimme eines menschen
einen anderen menschen
wieder aufhorchen läßt
der für alles taub war
wußten sie schon
daß das wort
oder das tun eines menschen
wieder sehend machen kann
einen
der für alles blind war
der nichts mehr sah

der keinen sinn mehr sah in dieser welt
und in seinem leben
wußten sie schon
daß das zeithaben für einen menschen
mehr ist als geld
mehr als medikamente
unter umständen mehr
als eine geniale operation
wußten sie schon
daß das anhören eines menschen
wunder wirkt
daß das wohlwollen zinsen trägt
daß ein vorschuß an vertrauen
hundertfach auf uns zurückkommt
wußten sie schon
daß tun mehr ist als reden
wußten sie das alles schon
wußten sie auch schon
daß der weg vom wissen über das reden
zum tun
… interplanetarisch weit ist.
(Wilhelm Willms, aus: ders., der geerdete himmel © 1974 Butzon & Bercker GmbH, Kevelaer, 7. Aufl. 1986, 5.5, www.bube.de)

Sprache ist ein entscheidendes Mittel der Kontaktaufnahme. Das rechte Wort zur rechten Zeit gesprochen kann Wunder wirken. Menschen dezentrieren, werden von ihrem Problem abgelenkt und aus Problemsackgassen geführt. Wenn jemand auf der Suche nach sich selbst und/oder dem Sinn seines Lebens ist und sich immer weiter entwickeln will, dann wird er ein Gespür haben für die Macht und Bedeutsamkeit einzelner Worte und Sätze. Sätze können wortgewaltige Geschehen sein, die ein Leben verändern können, denn sie transportieren Kraft und setzen die Energie der Dezentrierung frei. Worte dienen nicht nur dem Informationsaustausch, sie berühren den Anderen und nehmen sinnlichen, haptischen Kontakt mit ihm auf. »Mit Wörtern können wir auch behandeln. Es geht dabei darum, das rechte Wort zu finden, das gute Wort auch aufnehmen zu können« (Kast, 2006). Kast betont, dass ein Wort dann den Anderen erreicht, wenn dieser es aufnehmen kann. Das gute Wort allein reicht nicht, es muss wie das Weizenkorn auch auf guten Boden fallen. Das Absenden des Suchenden muss genauso stimmen wie der Empfang des Beratenden, »wie uns das Zarte, Hilfsbedürftige, Zutrauliche rühren kann, können es auch Wörter, die diesen Bereich betreffen. Sie lösen dann Erinnerungen aus an gute Erfahrungen mit Menschen, die man als kleines Kind gemacht hat [...] Mit Wörtern findet man Ressourcen« (Kast, 2006). Mit Worten können sinnliche Erfahrungen, die heilend wirken, ausgelöst werden.

»Willst du gesund werden?«, fragte Jesus (Johannes 5, 6) den Gelähmten, den Angehörige zu ihm brachten, um ihn heilen zu lassen. Das ist eine berührende Frage, weil damit der Kranke ernst genommen wird. Er ist nicht das Objekt, um das man sich zu kümmern hat, sondern das Subjekt, das über sich selbst entscheidet. Jesus gibt diesem Schwerkranken seine Menschenwürde zurück.

Die Wirkmächtigkeit des Wortes in der Bibel

Viele Menschen haben Erfahrungen in ihrem Leben gemacht, die ihre Erklärungsmuster überschritten. Im Rahmen ihres Weltbildes haben sie das, was ihnen passierte, Gott zugeschrieben. Daher wird von der Bibel auch vom »Wort Gottes« gesprochen.

Die Wirkmächtigkeit des Wortes in der Bibel wird an zwei Stellen in besonderer Weise hervorgehoben: Im ersten Schöpfungsbericht (1. Mose 1,1–31; 2,1–4) wird erzählt, wie

Gott die Welt in sechs Tagen erschafft. In der Regel bedeutet »schaffen«, etwas mit den Händen zu bearbeiten. Konkret wird die Welt erschaffen, indem Wasser und Festes getrennt wird und Natur, Tiere und die Menschen dann auf die Erde platziert werden. In diesem Bericht von der Schöpfung allerdings erschafft Gott die Welt durch sein Wort, indem er spricht: »Es werde Licht, es werde Wasser und Luft« etc. Das Schöpfungsgeschehen, das Erschaffen der Erde, geschieht durch das Wort, indem Gott spricht. Das machtvolle Wort lässt Himmel, Erde und alles, was darauf wohnt, entstehen.

Im Johannes-Evangelium wird vom Wort (»logos«) gesprochen, das bei Gott ist und zu den Menschen in Gestalt Jesu kommt: »Am Anfang war das Wort, das Wort war bei Gott und Gott war das Wort« (Johannes 1,1). Das Wort steht für den Christus, der bei Gott war, als die Welt erschaffen wurde. In der antiken Literatur und Philosophie hatte der Begriff »logos« vielfältige Bedeutungsfacetten, meinte im Kern aber meist eine die Welt durchwirkende Gesetzmäßigkeit, ein Sinnprinzip. Im hellenistischen Judentum bezeichnete der Begriff das ewige Denken des einen Gottes, das beim Schöpfungsakt aus Gott heraustritt. In dieser Tradition sind die obengenannten Eingangsverse zu verstehen. Zum Wirken und Erschaffen ist das dialogische Prinzip nötig, das Zusammenwirken und In-Beziehung-Treten.

Das Wort in der Poesie

Das Spiel mit Wörtern und die Bezauberung durch wohlgewählte Worte zeigen sich im Besonderen in der Poesie. Bilder, Farben und Gefühle können beschworen werden und werden vor dem inneren Auge sichtbar. Das Wesen der Sprache beschreibt zum Beispiel Gottfried Benn in einem bilderreichen Gedicht.

Ein Wort
Ein Wort, ein Satz – aus Chiffren steigen
erkanntes Leben, jäher Sinn,
die Sonne steht, die Sphären schweigen,
und alles ballt sich zu ihm hin.
Ein Wort – ein Glanz, ein Flug, ein Feuer,
ein Flammenwurf, ein Sternenstrich –
und wieder Dunkel, ungeheuer,
im leeren Raum um Welt und Ich.
(Gottfried Benn, aus: Statische Gedichte, © 1948, 2006 by Arche
Literatur Verlag AG, Zürich – Hamburg)

Es ist das Wort, das den Menschen und der Welt Halt gibt und sie vor der Leere und der Dunkelheit bewahrt. Kometengleich steigt das Wort, der Satz in Benns Gedicht auf, lässt Antworten und Sinn aufblitzen, um wie Asche wieder im Dunkeln zu verglühen.

In der Begleitung vor allem trauernder Menschen geht es darum, dass Worte gefunden werden, die für Antworten offen sind, sodass Sätze nicht zerschellen und Worte nicht leere Hülsen bleiben, sondern unvergängliche Sterne am Lebenshimmel, die Tag und Nacht den Weg weisen. Machtvolles Reden kann Kraft geben und Gemeinschaft herstellen, aber auch verführen, wenn es Demagogie ist. Sprache kann gewaltig sein und heilsames Handeln bewirken, ebenso wie sie Menschen nieder oder klein machen kann. Manchmal ist es nur ein Satz, der Wunder vollbringt.

Die Bedeutung von Worten im Märchen

»Worte sind Schall und Rauch«, diesem Sprichwort widersprechen die Märchen. Worte sind mächtig und haben Gewalt, gute wie schlechte. So bekommt zum Beispiel im Märchen »Dornröschen« ein Königskind durch eine böse Fee einen Fluch in die Wiege gelegt, der dem Leben dieses Kindes sozusagen vorauseilt und es bestimmt, weil die Voraussage, das Stechen mit der Spindel, eintritt. Da es aber auch gute Feen gibt, ist es möglich, die Verwünschungen aufzuheben. Worte wirken, lassen geschehen, bringen Negatives, wenden ins Positive. Sprüche, Liedverse und Verse spielen eine zentrale Rolle im Märchen. Häufig gibt es Zauberformeln oder magische Reime. Die Macht, die ein bestimmtes Wort haben kann, wird im Märchen »Rumpelstilzchen« beschrieben. Rumpelstilzchen verliert seine Macht, indem jemand seinen Namen ausspricht. Das Kennen eines Namens und das Aussprechen bzw. Ausrufen wird mit »Macht über jemanden haben« in Verbindung gebracht. Der Name, den ein Mensch hat, steht für die Ganzheit seiner Personalität.

Segen und Fluch

Die Macht des Wortes und die heilsame Wirkung der gestalteten Sprache sind menschliche Instrumente. Anfangs waren es magische Sprüche, Totenanrufungen, Beschwörung von Dämonen, Krankheitsbann und Heilsegen, durch die das Unbenennbare benannt oder verfügbar gemacht werden sollte. Die kathartische, die Seele reinigende Wirkung der Sprache (beispielsweise in Klageliedern des Alten Testaments) und die tröstende Wirkung des Zuspruchs und des Trostgedichtes sind schon seit der Antike bekannt.

Menschen segnen und werden gesegnet. Dies geschieht mit Segensgebärden und Worten. Jemand soll Anteil an der guten Kraft in der Welt, christlich gesprochen an Gott, erhalten. Alles, was er tut, soll ihm zum Besten gereichen. Der Begriff »Segen« entspricht dem lateinischen Wort »benedictio«, abgeleitet von »benedicere« aus »bene« (»gut«) und »dicere« (»sagen«). Segnen ist ein symbolischer Akt. Die Funktion des Segnens ist die Förderung von Glück und die Versicherung von Schutz und Geborgenheit. Der Zuspruch des Wohlergehens wird denen, die gesegnet werden, mitgegeben. Die Segensworte sind nicht Schall und Rauch, sondern sie wirken weiter und helfen, das Gute zu leben.

Segen und Fluch beruhen auf dem Glauben, dass ein in besonderer Form ausgesprochener Wunsch tatsächlich etwas bewirkt. Im Alten Testament segnet entweder Gott selbst oder ein Mensch in seinem Auftrag. Der Segen ist meist auf die Erhaltung und Entfaltung des Lebens gerichtet (zum Beispiel in der Schöpfungsgeschichte 1. Mose 1, 22 und 28). Gesten wie das Erheben oder Auflegen der Hände sowie die Verwendung feierlicher Formeln und deren Wiederholung verleihen den Worten zusätzliches Gewicht. Alttestamentliche Menschen waren überzeugt, dass der Segen sichtbar ist, zum Beispiel in Form von Wohlergehen und Reichtum. Am Ende des evangelischen Gottesdienstes wird um Segen gebetet, und der Geistliche segnet die Gemeinde mit Worten aus 4. Mose 6, 24: »Der Herr segne dich und behüte dich! Der Herr lasse sein Angesicht über dich leuchten und sei dir gnädig! Der Herr wende sein Angesicht dir zu und schenke dir Frieden!« Der Apostel Paulus begann und schloss seine Briefe nicht nur mit Grüßen, sondern meist auch mit Segenswünschen (zum Beispiel Römer 16, 24). Wer gesegnet ist, kann selbst auch anderen zum Segen werden. Christen sehen viele Möglichkeiten, sich gegenseitig und anderen Menschen den Segen Gottes zu wünschen. Sie bringen damit ihren Glauben zum Ausdruck, dass der Mensch mehr zum Leben braucht als das, was er selbst schaffen kann. In der katholischen Kirche werden auch Gegenstände, Pflanzen und Tiere gesegnet. Altäre und Kirchen erhalten nach katholischem Verständnis erst durch einen Segen ihre Weihe und Heiligkeit. Segen stellt in den Machtbereich Gottes. Er symbolisiert seine Nähe und Wirkkraft. Segen ist weder eine Garantie für Erfolg noch ein magisches Schutzschild gegen Böses und Leidvolles. Auch gesegnete Menschen können Leid und Unglück erleben. Trotzdem sind sie

»behütet« und unter Gottes Schutz gestellt. Das Entscheidende am Segen ist nicht, ob Gutes erfahren wird oder ob es schlecht geht. Gesegnet sein heißt: Inmitten der äußeren Umstände, wie immer sie aussehen, ist Gottes Nähe vorhanden, ist seine Kraft da, hat der Mensch die Möglichkeit, mit den Gegebenheiten seines Lebens umzugehen.

»Du sollst nicht fluchen.« Bis heute wird das Fluchen untersagt, unter anderem weil dahinter die Angst steckt, dass der Fluch sich erfüllen könnte. Darin zeigt sich ein magisches Verständnis. Im ursprünglichen Sinn war ein Fluch eine Form der Bestrafung. Ausgangspunkt ist ein geschehenes Unrecht. Der Fluch ist eine Reaktion des Opfers gegen den Täter. Der Fluchende glaubt sich dem Täter ausgeliefert. Er sieht alle Rechtsmittel ausgeschöpft, ohne dass eine Vergeltung für sein Unrecht erfolgt wäre. Der Fluch ist die höchste Strafe und zugleich die letzte Waffe, nachdem alle anderen Mittel versagt haben. Wenn an die Kraft der Gedanken geglaubt wird, ist es denkbar, dass Flüche sich erfüllen. Die jüdischen und christlichen Flüche waren öffentliche Sprechakte. Sie wurden vor Zeugen ausgesprochen und verbreitet. Als Unterstützer und Vollstrecker des Fluches wurden oft höhere Mächte angerufen. Die Veröffentlichung führte zu einer Stigmatisierung des »Verfluchten« durch viele.

Heute sprechen wir in der Wirtschaftswelt nicht von Verfluchung, weil diesem Wort eine Magie, eine Selbstwirksamkeit innewohnt, die in die moderne Welt nicht zu passen scheint. Trotzdem ist die Macht der Worte vorhanden. Die ihnen innewohnende Kraft und Gewalt zeigt sich zum Beispiel in Vorurteilen, die häufig gegenüber Fremdartigem geäußert werden. Ist eine solche Meinung erst einmal in der Welt, wirkt sie sozusagen ansteckend. Bis heute sind Vorurteile dem jüdischen Volk gegenüber vorhanden, zum Beispiel Juden wären nicht ehrlich. Diese Ansicht kann daher rühren, dass die Juden den Geldverleih betrieben, weil ihre Religion ihnen das nicht untersagte. Die

Vorverurteilungen Jesu, er sein ein Volksaufrührer und Revolutionär, führten zu seinem Tod. Er wurde ungerechterweise als Verbrecher abgestempelt. Auch heute kann die negative Macht der Worte ungebrochen sein. Das Phänomen hat den Namen »Mobbing« erhalten. Mobbing grenzt Menschen aus, indem sie stigmatisiert werden und hinter vorgehaltener Hand über sie geredet wird. Die schlechte Meinung einiger wirkt ansteckend, bis es viele sind, die ähnlich denken. Der Betroffene spürt die Ausgrenzung, sie verunsichert ihn und er macht Fehler, die er nicht machen würde, wenn er sich sicher fühlen würde. Die Fehlerhäufigkeit führt zu breiter Ablehnung, dies bringt weiteres Versagen mit sich, der Teufelskreis hat sich geschlossen.

Serendipität

Der Zufall bestimmt oft das persönliche Leben, aber auch viele Forschungsvorhaben. Etwas herauszufinden, was nicht geplant war, ist das Ergebnis vieler Forschungen (zum Beispiel die Atombombe). Ein Versuch scheitert, dafür setzt sich etwas Unerwartetes durch, das eventuell wertvoll und hilfreich ist.

Serendipität bedeutet, erlittenes Pech produktiv werden zu lassen und dem jeweiligen Vorhaben eine neue, unerwartete Wendung zu geben, das heißt, sich auf einen nach vorne offenen Horizont auszurichten, ohne zu wissen, wo man ankommt.

Es geht im Sinne von Serendipität darum, den Zufall ins Leben zu lassen, auf Kontrolle zu verzichten und sich auf das, was entstehen will, einzulassen. Ein gewisses Wollen gepaart mit einer Kunstfertigkeit, einem Können in den Dingen, die wichtig sind, plus Kreativität und Offenheit für Zufälle und glückliche Umstände, um das Unvorhergesehene ins Leben treten lassen, sind dafür nötig. Bei zu umfänglicher Planung und Kontrolle besteht die Gefahr, dass zufällige Geschehen, die sich mit etwas Offenheit als sinnvoll erweisen könnten, als Störung empfunden werden, weil ein vorgefertigter Plan nicht aufgeht. Erkenntnisgewinn geschieht, wenn Zufall zugelassen und der Richtung gefolgt wird, die die Entwicklung nimmt, auch wenn vorgegebene Bahnen verlassen werden. In gewisser Weise wird dem Unbestimmbaren Platz gemacht und dem Dritten Raum gegeben, denn die Lösung findet das Problem. Das klassische Beispiel ist von Archimedes von Syrakus (geboren 285 v. Chr.) überliefert. Eine politisch wichtige Person hatte ihn um Hilfe gebeten. Er wollte wissen, ob eine gekaufte Krone wirklich aus reinem Gold war. Archimedes sollte den Goldgehalt prüfen. Er dachte mehrere Tage lang über das Problem nach, fand jedoch keine Lösung für das Problem. Daraufhin ließ er die Sache auf sich beruhen und ging in eine Badeanstalt. Als er entspannt das Wasserbecken betrat, bemerkte er, dass Wasser über den Rand des Beckens in Ablaufrinnen floss. Er zog den Schluss, dass er so viel Volumen Wasser verdrängt haben musste, wie es dem Volumen seines Körpers entsprach. Archimedes lief daraufhin in Gedanken versunken und unbekleidet nach Hause. Er soll »Heureka« (»Ich hab's!«) gerufen haben. Seine Erkenntnis war zum Schaden des Goldschmieds, denn die Krone bestand zum großen Teil aus unedlem Metall. Das Archimedische Prinzip besagt, dass das Gewicht der verdrängten Flüssigkeit gleich groß wie das Gewicht des eingetauchten Körpers ist.

Erlösung vom Machbarkeitswahn

Einem Menschen »beizustehen« bedeutet, mit Geduld und Ausdauer nach seinen Möglichkeiten und Reserven zu suchen, aber auch Trauer, Verzweiflung und Angst zuzulassen und auszuhalten. Vieles kommt zusammen, wenn sich ein Mensch getröstet fühlt und er seine Sorgen loslassen kann. Für den, der Beistand leistet, ist es gut, dem Unbedingten Raum zu geben, Leichtigkeit einzuräumen und Humor schwingen zu lassen nach dem Motto: »Federn lassen und trotzdem schweben ...« (Gärtner, 2004).

Die Kompaktberatung erlöst Beratende von dem oft nicht eingestandenen Zwang zur Machbarkeit nach der Devise: »Jetzt muss es dem Anderen aber besser gehen, er muss sich getröstet fühlen.« Viele Dinge in der Beratungstätigkeit sind erlernbar und wichtig für den Umgang mit Menschen. Das trifft auch auf die Kompaktberatung zu (siehe Seite 47 ff.). Allerdings entspringt ihrem Ansatz die Idee, das Zufällige oder Beiläufige aufzunehmen und dem Spontanen, der Offenheit für scheinbar Unmögliches, für Wunder den Weg zu bahnen. Es geht um Raum geben, öffnen und loslassen des Machbarkeitswillens. Eine Begegnung geschieht und mit ihr passiert etwas, das für den einen Menschen, den Suchenden, unendlich wertvoll und hilfreich ist und sich für den anderen, den Beratenden, ähnlich anfühlt, denn er wird reich beschenkt, weil er gebraucht wurde und zur richtigen Zeit am richtigen Ort war.

Hirnphysiologische Erkenntnisse

Der Geistesblitz
Erkenntnisse und Lösungsansätze für Probleme können vor allem durch unerwartete und durchaus auch unverständliche Worte, Sentenzen oder Geschichten etc. evoziert werden. Auf unerklärliche Weise entstehen Erkenntnisse, zeigen sich Lösungsansätze, die undenkbar erschienen. Diesem Phänomen wollen wir auf die Spur kommen; es ist die Rede vom »Geistesblitz«: »Plötzliche Erkenntnis, die in der Form von Geistesblitzen, unerwarteten Einsichten, Intuitionen und Erleuchtungen auftritt, ist ein erstaunliches Phänomen im einzelnen Leben. Sie ist aber auch ein Phänomen der Kulturgeschichte, aus dem philosophische Konzepte, religiöse Umbrüche oder künstlerische Würfe hervorgegangen sind« (Klein, 2012).

Das Phänomen der plötzlichen Erkenntnis ist also keine neuzeitliche Erfindung. So kann das Baden im Fall von Archimedes (siehe oben) als Dezentrierung verstanden werden, die ihn von einem Problem ablenkte, als er sich mit Fragen des Auftriebs beschäftigte. Die Wörter »Geistes-Blitz« und »Eingebung« machen die Herkunft der Ideen deutlich. Es ist der Geist oder etwas anderes, auch Undefiniertes, was in den Menschen etwas »eingibt« und die neue Erkenntnis auslöst. Etwas durch den Menschen nicht Machbares beeinflusst sein Unterbewusstsein, sodass eine Lösung zu einer bis dahin unlösbaren Aufgabe oder Problematik gefunden wird.

Der Geistesblitz fährt dazwischen, kann erschrecken und dem interessengeleiteten Selbst widersprechen. Er löst oft Furcht vor den Folgen aus, da er sich eventuell als Täuschung erweisen könnte. Er ergreift, wirft aus der Bahn. Eingebungen geben oft Sinn und Zukunftsperspektiven, wenn die Angst vor dem Unbekannten, Neuen überwunden wird.

Zusammenfassend kann gesagt werden, dass Erleuchtungen nicht mit dem Willen oder Verstandesanstrengungen herbeigezwungen werden können. Erst eine Ablenkung, eine Wegwendung von der Fragestellung lässt Freiräume entstehen, damit der Geistesblitz »dazwischenfahren« kann. Er ist umsetzbar, wenn die Angst vor dem Unbekannten überwunden wird.

Der Aha-Effekt

Wenn man jemanden im Rahmen eines Beratungssettings überrascht oder verblüfft, dann können hinderliche Fokussierungen und Blockierungen aufgehoben werden. Der Mensch muss sich im diesem Augenblick auf etwas ganz anderes einlassen (Dezentrierung), als er erwartet hat. Das geschieht unter anderem bei der paradoxen Intention. Frankl nutzte diese zum Beispiel bei Angstpatienten. Einer Frau, die Angst vorm Zittern hatte, riet er, sie solle sich darauf konzentrieren, so fest wie möglich zu zittern. Diese Überlegung hinderte die Patientin an ihrer Konzentration auf die Angst, ein Freiraum entstand, sie merkte, dass sie nicht zitterte, und war verblüfft. Das Ereignis prägte sich ihr tief ein.

Der Aha-Effekt zeigt sich, wenn mit der Verblüffung, die vom Problemkarussell wegführt, die Erkenntnis eintritt, dass sich eine Lösung am Horizont abzeichnet, die bisher aufgrund der Problemfokussierung nicht gesehen werden konnte. Wenn mithilfe des Konstruktivimus die Wahrnehmung und Interpretation der Wirklichkeit durch den Einzelnen beleuchtet wird, wirbelt das Erleben einer anderen Sicht der Dinge menschliche Gehirne durcheinander. Davon lebt der Überraschungsmoment oder Aha-Effekt. Etwas Unverhofftes, eine andere Sicht der Dinge verwirrt und verändert die eigene Sicht. »Jemandem geht ein Licht auf« oder »der Groschen ist gefallen« sind Sprichwörter, die das in dieser Arbeit mit »Aha«-Erlebnis beschriebene Phänomen zu fassen suchen. Das »Aha«-Erlebnis ist ein von dem deutschen Psychologen Karl Bühler (1906) geprägter Begriff für die plötzliche Erkenntnisfindung, die das schlagartige Erkennen eines gesuchten, jedoch zuvor unbekannten Sinnzusammenhangs bezeichnet (Bühler, 1918).

Ein neuerer theoretischer Ansatz des »Aha«-Erlebnisses geht von vier definierenden Merkmalen aus: Erstens, das »Aha«-Erlebnis kommt plötzlich. Zweitens, die Lösung eines Problems kann angenommen und verarbeitet werden. Drittens, das »Aha«-Erlebnis löst einen positiven Affekt aus. Viertens, die Person, die eine plötzliche Einsicht erlebt, ist von der Richtigkeit der Lösung überzeugt.

Das »Aha«-Erlebnis lässt sich über bildgebende Verfahren darstellen. Dabei zeigt sich die Aktivierung von Hirnregionen, die für die Kreativität zuständig sind. Die mithilfe des Aha-Effekts dargestellte Lernmöglichkeit wird auch im Bereich Sport bzw. Akrobatik genutzt. In einer Anleitung zum Jonglieren wird beschrieben, dass, falls ein Ball auf den Boden fällt, man es für sich nicht negativ kommentieren soll nach dem Motto: »So nicht.« Es geht darum, das Geschehen positiv zu registrieren, indem »aha« gesagt und die Aufmerksamkeit darauf gelenkt wird, wie es das nächste Mal anders werden kann, denn durch diesen Fehler, das Fehlen einer bestimmten Fähigkeit, reift die Fertigkeit, die Tätigkeit auf eine andere Art und Weise fortzusetzen.« Wenn aber etwas nicht so läuft, wie Sie es sich gewünscht haben, dann ist ein entscheidender Moment gekommen, in dem wir einen Schritt nach vorne machen können. Das Geheimnis und gleichzeitig der Turbolader für das Lernen liegen in dem kleinen Wörtchen ›aha‹. Aha ist der Unterschied zwischen Bewerten und Wahrnehmen. Jedes Mal, wenn Ihnen ein Fehler passiert, d. h.: Wenn beim Jonglieren ein Ball fällt, sagen Sie statt: %$X lieber ›Aha‹ und nutzen die Distanz, die Ihnen das gibt, um wahrzunehmen, was passiert ist und was Sie an ihrem Handeln verändern müssen, damit das Ergebnis sich verändert« (Hartmann, o. J.).

Also geschieht im Gehirn etwas, wenn scheinbar nichts passiert. In der Phase der sogenannten Dezentrierung, der Beschäftigung mit etwas, das nichts mit der gestellten Aufgabe oder dem zu lösenden Problem zu tun hat und in der es so scheint, als ob nichts zur Enträtselung beitragen würde, geschieht einiges im Unbewussten, im Gehirn. Die Arbeit im Kopf lässt sich durch bildgebende Verfahren darstellen, und es zeigt sich, dass sich in den Gehirnarealen einiges bewegt. »Unsere ›sichtbaren‹ Geistesblitze entstammen dem ›unsichtbaren‹ Neuronendonner im Gehirn, der ohne das bewusste Tun des Menschen geschieht. Die geistigen Leistungen von uns Menschen umfassen mehr als die sinnliche Wahrnehmung von Gegebenem und die rationale Verarbeitung von Wahrnehmungsinhalten« (Rosenzweig, 2010, S. 13). Um Fühl- und Denkräume zu eröffnen und den Aha-Effekt zu ermöglichen, sind Irritation, Verblüffung, Witz und Humor gefragt. Auf diese Weise können eingefahrene und eingeschliffene Denkmuster und Gedankenkarussells durchbrochen werden. Geistesgegenwart, Geistesblitz und Schlagfertigkeit ergeben sich, weil der Beratende sich ganz auf den Anderen konzentriert und ihm das richtige Wort zur richtigen Zeit einfällt, sozusagen gegeben wird, das den Anderen aus seinen Gedankenketten erlöst. Der Beratende hat seine Angst, dass ihm nichts oder nicht das Richtige einfällt, losgelassen. Der Begriff »Angst« drückt aus und kommt etymologisch vom Wort »Enge«. Anstatt Enge sind Freiraum und Weite gefragt, eine Öffnung erfolgt. Denn Unmögliches wird möglich, wenn dem Wunder Raum gegeben wird. Bevor Ereignisse aus der eigenen Beratungstätigkeit angeführt werden, soll ein veröffentlichtes Beispiel des Neurowissenschaftlers, Psychiaters und Ratgeberautors Raphael M. Bonelli (2013, S. 77) zitiert werden, der eine zum zwanghaften Perfektionismus neigende sechzigjährige Frau in Therapie hatte. Sie war nicht in der Lage, eigene Schuldanteile zu erkennen. »Da sich die therapeutische Beziehung in der Zwischenzeit als stabil erwiesen hatte, erlaubte sich der Psychiater eine konfrontative Intervention. Er freue sich, sagt er mit einem freundlichen Lächeln, dass er die Ehre habe, vor der unbefleckten Empfängnis zu sitzen. Sie schaut den Therapeuten zuerst fassungslos an – und beginnt dann herzhaft zu lachen. Der Groll löst sich in der Folge auf, weil sie aus ihrer Rolle der vermeintlichen Fehlerlosigkeit erlöst ist.« Ein Satz, mit dem die Frau im Leben nicht gerechnet hat, setzt ihren Humor frei, der ihr Selbstdistanz ermöglicht, und ein großer Schritt in Richtung psychischer Gesundung wurde vollzogen.

Kompaktberatung als Modell der Zukunft

Zusammenfassend beschrieben basiert das Modell der Kompaktberatung auf hirnphysiologischen Erkenntnissen und nutzt diese für eine effektive Kurzberatung, die ein Stück Leichtigkeit und Hoffnungsfröhlichkeit in sich trägt. Es wird getragen von der Wirkmächtigkeit des Wortes. Es arbeitet mit Verblüffung und Humor, um vom Problem wegzuführen und eröffnet neue Denk-

und Fühlmöglichkeiten. Die Gewissheit besteht, dass die Lösung das Problem findet.

Die Kompaktberatung beruht weiterhin auf den Überlegungen des Wiener Begründers der sinnorientierten Psychotherapie, Viktor E. Frankl, der den Mensch auf Sinn ausgerichtet ansah, der bestrebt ist, in allen Lebenslagen und Problemsituationen Sinn zu erkennen. Er wird in einer für ihn schwierigen Lage versuchen, Antworten auf die Frage nach dem Sinn zu bekommen, und er wird bemüht sein, für ihn »unsinnige« Situationen und Erlebnisse zu klären. Ein rechtes Wort zu rechten Zeit kann Wunder wirken. Denn: Worte haben Macht, im Guten wie im Schlechten. Ein Schimpfwort kann menschliche Seelen zutiefst verletzen. Ein Lob richtet auf, gibt Mut und Lebenskraft. Worte sind mehr als Worte, sie berühren, sie bewegen, sie sind wirkmächtig.

Die Macht des Wortes kann Heil schaffen. Ein Wort, das heilend berührt und transparent für nichtsprachliche Geschehen ist, eröffnet Räume für emergente Erscheinungen. In einer spezifischen Lebens-, Krisen- oder Konfliktsituation wird Hilfe, Trost und Unterstützung gesucht. Oft ist die vorhandene Zeit kurz bemessen, zum Beispiel bei der Begleitung von Sterbenden. Es geht darum, Beistand zu leisten, indem Ressourcen erfühlt und für den Anderen erlebbar gemacht werden. Das kann dazu führen, dass ein Mensch die einmalige Gelegenheit, Sinn im Augenblick zu finden, sieht und sich aneignen kann und dass das Gefühl der Kompetenz anhält, in den Alltag mitgenommen werden kann und im günstigsten Fall gelebt werden kann. Die paradoxe Intention, die von Frankl entwickelt und erfolgreich genutzt wurde, arbeitet durch die Verfremdung von Gedanken und Situationen analog dem Prinzip der Dezentrierung. Wenn Dezentrierung als Wegwendung von der Problembezogenheit verstanden wird, kann sie ganz unterschiedliche Ausprägungen haben. Das heißt, auch die bewusste Anwendung von Humor in der Therapie durch Witz etc. ist als dezentrierendes Element zu verstehen. Insofern sind die paradoxe Intention und weitere verfremdende und verblüffende Methoden als Dezentrierung zu verstehen.

Es geht darum, den Anderen von seinem Problem wegzuführen, indem ein Satz, ein Wort, eine kurze Geschichte sich sozusagen »dazwischendrängt«, die den Anderen berührt, ihn trifft wie ein Blitz, hilft, dass der Knoten platzt, es »Klick« macht und er im wahrsten Sinne des Worte »den Kopf frei bekommt«. Die Veränderung kann gelingen, wenn der Beratende alle Antennen auf Empfang gestellt hat und gut zugehört worden ist. Dann hat der Beratende ein Bild des Problems vor Augen, das der Sender ihm eingezeichnet hat. Er lässt sich aber durch die Einzelheiten des Konflikts nicht den Blick verstellen und ist in der Lage, seine Situation neu zu bewerten.

Abbildung 2: Die fünf Komponenten der Kompaktberatung

In immer weniger Zeit wird heute mehr geleistet. Die modernen und sich weiter entwickelnden Technologien haben die Arbeitskapazitäten um ein Vielfaches erhöht. Das Motto »immer schneller« betrifft auch den Gesundheits- und Freizeitbereich.

Die Urlaubsverweildauer an einem Ort wird kürzer. Was vor circa zwanzig Jahren als Wochenurlaub geplant wurde, wird zur Tages- oder Wochenendtour. Die Krankenhäuser entlassen ihre Patienten, wie es etwas ungeziemlich heißt, »blutig«; gemeint ist damit, dass ein Mensch nach einer Operation nicht so lange im Krankenhaus bleiben kann, bis die Narbe verheilt sind. In kurzen Takten begegnen Menschen sich selbst und anderen Menschen, die sie unterstützen durch Seelsorge, Beratung, in Krisensituationen oder einfach nur bei der Suche nach Sinn und der Sehnsucht nach erfülltem Leben. Auch bei der Begleitung am Ende eines Lebens bleibt oft nicht mehr viel Zeit. Aber diese wertvollen Zeiträume schenken Phasen und Augenblicke, die mit Begegnungen ausgefüllt werden. Um in dieser kurzen Zeit anderen Menschen ein angemessenes Gegenüber zu sein, ist die Kompaktberatung hilfreich.

In manchen Bereichen wird von Kurzzeitberatung oder -seelsorge gesprochen. Die Begriffsbildung knüpft an die Situation an, dass Menschen weniger Zeit an einem Ort verbringen. Ich möchte von Kompaktberatung sprechen. Die kurze Begegnung zweier Menschen kann zum intensiven Augenblick im Leben werden. Die Herzen und inneren Türen können geöffnet und Räume und Atmosphären der Erwartung geschaffen werden. Davon wird diese Arbeit handeln. Vorbereitet auf den »Kairos« (günstiger Zeitpunkt einer Entscheidung) und gut gerüstet für den entscheidenden Augenblick der Begegnung, in dem Beziehung gelebt werden kann, habe ich gedankliche Hilfen und Werkzeuge, um ihn auszufüllen und dem Anderen gerecht zu werden, mit diesen Überlegungen bereitgestellt.

Der Hintergrund: Apophthegmata der Wüstenmönche

Bedingungen der Entstehungszeit der Apophthegmata

Waren die ersten Jahrhunderte nach Jesu Erscheinen auf der Erde durch Verfolgung und oft auch Tod seiner Anhänger geprägt, weil viele den Märtyrertod sterben mussten, standen die Christen ab circa 300 n. Chr. vor anderen Herausforderungen. Die Radikalität der Entscheidung, die von jedem Einzelnen gefordert wurde, wenn er sich zu Christus bekannte, hatte ihre Schärfe, nämlich den drohenden Verlust des Lebens, verloren. Die offizielle Anerkennung des Christentums war gleichzeitig der Beginn einer Staatskirche und Staatsreligion. Eine Verbrüderung mit der Macht war geschehen und damit ging eine zunehmende Verweltlichung des Christentums einher. Enttäuschung bei vielen, denen es um die Inhalte und nicht das Ansehen ging, war vorprogrammiert. Vielen erschien das Leben, vor allem in Ägypten, verbunden mit der Entwicklung der feinsinnigen Spätkultur der Antike und dem Leben in den Städten verdächtig und nicht fromm genug. Diese Entwicklung rief eine Gegenbewegung derer hervor, die ihre radikale Glaubenseinstellung in der Einsamkeit, in der Wüste oder in Gemeinschaften verwirklichen wollten. Sie waren »Anachoreten«, sozusagen eine Art »Aussteiger« in einer Zeit, in der sich Herrschaftsfamilien der Kirchenorganisation bemächtigten. Es war die Zeit, in der das Mönchtum seinen Siegeszug begann, denn hier konnten die Radikalität des Glaubens und die Hingabe an Christus gelebt werden. Viele zog es zur intensiven Glaubensausübung in die Abgeschiedenheit und Einsamkeit des Eremitentums. Die sich nun bildenden klösterlichen Gemeinschaften übernahmen die Funktion der früheren christlichen Gemeinden, weil diese viel von ihrer geistlichen Tiefe verloren hatten.

Herzens- und Seelenbildung als Vorbereitung der Apophthegmata-Begleitung

Das Modell der Urgemeinde wurde in dieser Form des Klosterlebens umgesetzt, weil dort tätige Liebe und »brüderliche Ermahnung« praktiziert wurden. Gottesdienst und Handarbeit sowie das Schweigen spielten eine große Rolle im Leben der Mönche. Gerade die Einsiedler, die die Kraft aus Wortkargheit und Gebet bezogen, waren gesuchte Seelsorger. Und das aus gutem Grund, denn sie halfen vielen Menschen in Not und Leid und hatten wirklichen Trost für sie. Das, was heute in Seelsorgeausbildungen unter anderem gelehrt wird (Einfühlungsvermögen, Empathie, Zurückhaltung), war vielen der Wüstenmönche eigen bzw. wurde durch Seelenführer, heute sprechen wir von geistlichen Begleitern, trainiert. Durch Fasten und Askese sollte Platzmachen für den Heiligen Geist geschehen. Die Zelle im Kloster entsprach der Einsamkeit in der Wüste, hier wurden Beten, Schweigen und Betrachten geübt. Der Rückzug in die Wüste symbolisierte die Hinwendung zu Gott, von der Welt weg.

Wie viele der uns bekannten ersten Mönche zu Seelsorgern geworden sind, zeigt eine Sammlung von weisen Lebensanregungen aus dem fünften Jahrhundert (Miller, 1965). Die Mönche haben sich in ihrem Glaubensleben viel abverlangt. Die Erwartungen an das, was ein Bruder in seiner Zelle zu tun hat, waren deutlich: Das Leben in der Zelle ist, äußerlich betrachtet, Handarbeit, einmal essen am Tag, schweigen und betrachten, die Gebetszeiten einhalten und das Verborgene nicht übersehen, Gemeinschaft mit Gutem gewinnen und sich von Bösem fernhalten. Das Glaubensleben dieser Mönche ist mit unserem heutigen nicht automatisch zu vergleichen und doch gibt es für mich Gesichtspunkte damaliger Glaubenspraktiken oder Lehren, die auch heute Wege weisen können.

Im Hinblick auf das Betrachten und die Anweisung, das Verborgene nicht zu übersehen, sehe ich Ähnlichkeiten mit der Methode der Achtsamkeitstherapie. Leben kann gelingen, wenn es einen Ausstieg aus der Hektik des Alltags gibt. Dieser kann auch heute im Betrachten und in der Achtsamkeit gefunden werden. Es geht darum, in jedem Augenblick bewusst zu handeln und nicht in Automatismen zu verfallen. Achtsames Essen zum Beispiel bedeutet, jeden Bissen auf der Zunge zergehen zu lassen und zu schmecken, nicht nur kurz zu kauen und runterzuschlucken. Achtsam zu leben hat heilsame Wirkungen auf den Alltag. Diese Lebensart entschleunigt und lenkt den Blick auf das, was im Augenblick wichtig ist.

Das biblische Wort wurde meditiert. Was wir unter Meditation verstehen, kann sehr unterschiedlich praktiziert werden. Die Meditation der Mönche war die Wiederholung biblischer Worte oder Texte. Das murmelnde »Wiederkäuen« biblischer Begriffe mündete im Gebet. Daraus erwuchsen die seelsorglichen Hilfen. Eine bedenkenswerte Antwort auf die Frage, was man tun soll, wenn man Gedanken hat, die einen beherrschen und die man nicht stoppen kann (das sogenannte Gedankenkarussell oder die Problemzentrierung), gab ein altwürdiger Mönch: »Vater, ich habe vielerlei Gedanken und komme durch sie in Gefahr.« Was kann dagegen getan werden?, war die Frage. Der Mönch führte den Fragenden ins Freie und sagte: »Breite dein Obergewand aus und halte die Winde auf!« Die Antwort lautete: »Das kann ich nicht.« »Wenn du das nicht kannst, wie willst du deine Gedanken hindern, zu dir zu kommen? Aber es ist deine Aufgabe, sie nicht festzuhalten, sondern gehen zu lassen oder ihnen zu widerstehen« (Miller, 1965, Apophthegmata 602). Eine Antwort, die besticht, denn sie ist einfach, klar, einleuchtend und schlichtweg umwerfend. Dass auf diese Weise Lern- und Veränderungsprozesse im Menschen entstehen können, ist dem Erfahrungswissen der Mönche zuzurechnen. Heute, im Rahmen von bildgebenden Verfahren, die unsere Gehirnströme sichtbar machen, wird sozusagen mit technischen Hilfsmitteln nachgewiesen, was Menschen damals erlebt haben.

Es wurde schnell bekannt, dass es Männer und Frauen gab, die durch ihr Leben in der Wüste oder in der Klosterzelle zu geistlich Erfahrenen und Vertrauenswürdigen geworden waren. Viele Menschen strömten zu ihnen, um sich Rat zu holen oder sich unter ihre Führung zu begeben. Oft plagte die Menschen die Frage, wie sie vor Gott richtig leben könnten. Der Mönch oder die Nonne wurden mit »Vater« oder »Mutter« angeredet. Eine wichtige Frage vieler war: »Vater, sag mir ein Wort! Was kann ich vor Gott richtig machen?« Dies ist eine Frage nach der persönlichen Mensch- und Selbstwerdung und dem Sinn des Lebens, die auch das eigene Glaubensleben thematisiert. Die Frage nach einem Wort oder einem Satz begegnete mir im Rahmen der Beratungsarbeit und der Dekanatsfrauentage. Da hieß es manchmal: »Haben Sie ein Wort, einen Satz (Apophthegmata) für mich ganz persönlich?« Dies drückt den Wunsch danach aus, dass es etwas gibt, das den Menschen direkt trifft, berührt und bleibt. Die Mönche und Nonnen sprachen jedoch nur, wenn sie angesprochen oder um Hilfe gebeten wurden, denn es ging ihnen darum, Vorbild in der Glaubenshaltung und im Ernst der Ausrichtung auf Gott zu sein. Heutzutage bezeichnete man dieses Verhalten als Auftragsklärung. Die Seelsorger geben nur eine Antwort, wenn deutlich wird, dass der Fragende eine Hilfe für sein spezielles Problem will. Einmal angesprochen gehen sie einfühlsam auf das Problem des Menschen ein und orientieren sich bei der Beratung an kurzen seelsorglichen Weisungen, die leicht behalten, auswendig gelernt und weitergegeben werden können. »Drei Dinge will Gott vom Gläubigen: Glauben von ganzer Seele, Wahrheit auf der Zunge, Keuschheit in den Dingen des Leibes« (Lilienfeld, 1989, S. 94), gibt Vater Gregorius den Suchenden mit auf den Weg. Wie die Fragenden es schaffen, diese Ziele in ihrem Leben umzusetzen, wird in Einzelgesprächen durch genaues

Hinschauen auf die Situation, in der der Andere sich befindet, geklärt. Der Anfang wird im gemeinsamen Gespräch gemacht, leben muss es der Ratsuchende im Alltag. Die Entscheidung zum richtigen Weg und die Verantwortung, dem Rat die Tat folgen zu lassen, bleiben in der Hand des Fragenden. Die Mönche und Nonnen befahlen nicht, sie begleiteten auch keinen Menschen längerfristig, sondern sie waren in dem Moment, in dem der Andere präsent war, konzentriert und fokussiert auf diesen Menschen mit seiner speziellen Angelegenheit. Man könnte sagen, dass durch ihre Form der Beratung ein »entscheidender Hinweis« kam. Ob der Andere ihn direkt im Augenblick verstand oder auch nicht, war nicht wesentlich.

Charakteristisch für die Seelsorge der Nonnen und Mönche war, dass sie Glauben und Gewissheit, dass sie in Gott geborgen sind, ausstrahlten und dass sie innere Ruhe und Gelassenheit besaßen. Diese Haltung war die Voraussetzung für die vorbehaltlose Annahme eines Menschen. Von Mönchsvätern erwartete man das »Wort«, das heilte und die wahre Gestalt des Lebens erkennen half. Dieses Wort kam nicht allein aus der Kenntnis der Heiligen Schrift oder Theologie, sondern zeigte sich in der Begegnung mit dem Altvater, denn darin ereignete sich das Besondere. Viele Wüstenväter übten sich in der Konzentration. Sie nahmen sich für eine lange Zeit, zum Beispiel ein Jahr, vor, keine Früchte zu essen oder niemanden zu besuchen. Die Schlichtheit und Einfachheit, wie der Weg zum Kern, ins Innere gesucht wurde, verblüfft. Eine einzige Übung genügt, um zu sich und zu Gott zu finden.

Entscheidend ist also nicht, dass man etwas tut, was Aufmerksamkeit erregt, sondern es geht um das Eine, das einem Menschen die richtige Richtung weist. Der treue und beständige Vollzug einer Übung ist das Mittel, um sich Gott zu nähern. Das »Wort«, das ein Mensch vom Mönch erbittet, ist keine eigene Regel oder ein Ratschlag, sondern ein hinweisender, auf

Spiritualität hin durchscheinender Text, der aus der Begegnung zweier Menschen, deren Seelen ins Gespräch gekommen sind, erwächst. Die Art und Weise, wie die Wüstenmönche anderen bei Lebensfragen halfen, ist Vorbild des Ansatzes der hier vorgestellten Kompaktberatung. Der Vater wurde um ein Wort, um einen Satz gebeten, der einleuchtend, klar, hilfreich und gut zu merken war. Oft erschien das Wort, der Satz dann aber dem Ratsuchenden auch unverständlich, sperrig und verwirrend und hatte die Wirkung einer Dezentrierung. Die Gedanken des Ratsuchenden wurden von seinem Problem weggelenkt. Die Sentenz löste also nicht mit einem Schlag alle Probleme, sondern zerstörte und veränderte zuerst eingefahrene Muster und Denkweisen und wurde dann in das Leben integriert und dort meditiert. Im Leben des Einzelnen galt es, diesen Spruch auf die eigene Art und Weise in das Leben zu integrieren, sozusagen: zu leben. Jedem war überlassen, wie er oder sie mit dem Wortauftrag umgehen wollte. Der Vater gab nur die Worte. Er gab bzw. redete aber nur, wenn er gefragt wurde. Auch bei den Apophthegmata der Wüstenväter war die Motivation, der Wille zum Wort, zur Hilfe und zur Heilung des Fragenden wesentlich. Jesus fragte den Heilungssuchenden: »Willst du gesund werden?« (Johannes 5, 6). Dass Wüstenmönche die richtigen Worte fanden, war bedingt durch ihren großen Erfahrungsschatz, den sie sich erarbeitet hatten, und durch die Tiefe und Aufrichtigkeit ihres Glaubens.

In einer Geschichte, die von den Wüstenvätern überliefert ist, wird die Seele mit einem stehenden Wasser verglichen. Wenn die Oberfläche des Wassers zum Beispiel durch Wind aufgeraut wird, ist die Tiefe nicht zu erkennen. Auch ist es dann nicht möglich, sich im Wasser zu spiegeln. Auf die Seele übertragen meint das: Wenn einfallende Gedanken und damit einhergehende emotionale Erregung einen Menschen beunruhigen, kann er sich in seinem Grund, in seiner Seele, nicht erkennen.

Erst wenn das Wasser klar und ruhig ist, wird es möglich, sich darin zu spiegeln und gleichzeitig in die Tiefe zu schauen. Die mitleidlose Selbstbeobachtung in Abgeschiedenheit und Stille hat die Wüstenmönche davor bewahrt, ihre eigenen seelischen Verstimmungen durch Fokussierung zu problematisieren. Die aufmerksame Selbstbeobachtung hat sie gelehrt, die sich einstellenden Gedanken als Probleme wahrzunehmen und in ihnen die Ursachen ihrer Befindlichkeit zu sehen. Daniel Hell, der die Anleitung der Wüstenmönche in seine psychiatrische Arbeit übernommen hat und sich deutlich gegen den Machbarkeitswahn im Beratungs- und Therapiebetrieb ausspricht, schrieb über den Begriff der Salutogenese: »Bei diesem neuen Konzept wird der leidende Mensch weniger als behandelbares Objekt gesehen, denn als individuelle Person mit eigenen Kraft- und Heilungsressourcen, die es therapeutisch zu unterstützen gilt« (Hell, 2003, S. 17–20).

Die seelsorgliche Begleitung der Wüstenmönche und -nonnen als Vorbild für eine Beratungsarbeit von heute

Die Wüstenmönche des Mittelalters trieben Seelsorge mit kurzen Sentenzen (Apophthegmata), die sie Ratsuchenden mit auf den Weg gaben. Dass sie die richtigen Worte fanden, war bedingt durch ihren großen Erfahrungsschatz, den sie sich erarbeitet hatten, und durch die Tiefe und Aufrichtigkeit ihres Glaubens. Ihre Apophthegmata erwuchsen aus der Begegnung zweier Menschen, deren Seelen ins Gespräch gekommen sind. Die Apophthegmata der Wüstenväter, die Sätze und Sprüche, die sie einem Menschen mitgegeben haben und die ihm halfen, in seinem Leben klar zu kommen, können als Wegweiser für eine neue zeitgemäße Beratungsform, von mir Kompaktberatung genannt (vgl. Gärtner-Schultz, 2016), angesehen werden. Die Zuwendung der Mönche in einer in der Regel einmaligen Begegnung veränderte das Leben der Ratsuchenden.

Der Hintergrund: Apophthegmata der Wüstenmönche 45

Wie funktioniert Kompaktberatung?
Was macht das Geheimnis der Begleitung durch Mönche und Nonnen aus? Die aufgesuchten Mönche waren tief in ihrem Glauben verankert und strahlten Ruhe und Gelassenheit aus. Ihnen fiel der richtige Satz für jeden Menschen ein. Für heute übersetzt heißt das:
Die persönliche Vorbereitung eines Menschen, der in der Sorge um die Seele anderer tätig sein will, beruht auf persönlichen Voraussetzungen, die bedingen, dass man Ratsuchenden ein angemessener Partner sein kann:
1. Vorbehaltlose Annahme und anteilnehmende Konzentration auf den Menschen, der zu einem kommt, sind nötig.
2. Das hilfreiche Wort kommt nicht allein aus der Kenntnis der Heiligen Schrift, sondern zeigt sich in der Begegnung mit dem beratenen Menschen; darin ereignet sich das Besondere.
3. Dem Ereignis, dem Dritten, dem (Heiligen) Geist wird Raum gegeben.
4. Was als Wort mitgegeben wird, ist nicht eingängig oder selbsterschließend, sondern ist ungewöhnlich und verblüffend für den Ratsuchenden und löst einen Geistesblitz oder Aha-Effekt aus.
5. Diese Form der Beratung generiert »entscheidende Hinweise«. Ob der Andere sie im Augenblick versteht oder sie langfristig wirksam werden, bleibt offen.

Gerade im Rahmen von zeitlich begrenzten Hilfen ist es dringend erforderlich, aus dem Gedankenkarussell der Problemfokussierung auszusteigen, denn nur dadurch ist es einem Menschen möglich, neue Wege zu sehen oder Veränderungen zuzulassen. Einer Dimension des Dritten, dem Etwas, das »dazwischen« tritt, gilt es, in den Begegnungen Raum zu geben.
Für den, der begleitet, sind die Entwicklung der eigenen Persönlichkeit, die Klarheit der Gedanken und die Möglich-

keit, sich flexibel auf andere einzustellen sowie Dezentrierungssituationen zum Beispiel durch Verblüffung herzustellen, eine unverzichtbare Vorbereitung.

Die Tradition der Apophthegmata, dieser kurzen, prägnanten Sätze, die gut zu merken sind, wird die Menschen wie ein Blitz treffen, vor den Kopf stoßen und somit Dezentrierungsmöglichkeiten auslösen. Durch die Los-Lösung von der Problemzentrierung wird zugelassen, dass Erkenntnisse zum Menschen kommen. Der Lernerfolg basiert auf dem Aha-Effekt, der hirnphysiologische Auswirkungen hat. Er stellt sich ein, nachdem für ein Problem mit den vorhandenen Mitteln und Überlegungen keine Lösung gefunden worden ist und nachdem der das Ergebnis Suchende sich etwas ganz anderem zugewandt und damit beschäftigt hat. Die Lösung findet das Problem. Gewissheit, dass das Resultat den Menschen sucht und die Fähigkeit, die Machbarkeit loszulassen, sind nötig, damit der Prozess gelingt.

Teil 2

Wenige Worte nützen

> Der Mensch ist auf Dialog angelegt, denn:
> »Jeder Mensch verkörpert eine Silbe,
> ein einmaliges, unverwechselbares Gewächs aus
> Konsonanten und Vokalen,
> eine lebende Silbe,
> unterwegs zum Wort, zum Text.«
> (Sloterdijk, 1988)

Menschliche Gemeinschaft funktioniert, weil die Geschöpfe sich gegenseitig brauchen und durch Einhaltung von Regeln (zum Beispiel: »Man tut dem Anderen nichts an, was man selbst nicht erleiden möchte«). Letztendlich ist der Mensch ein Rudelwesen. Als Existenzial des Menschen nennt die Bibel im zweiten Schöpfungsbericht (1. Mose 2, 8–25) das Zusammengehören und Aufeinander-bezogen-Sein von Mann und Frau. Sie sind ausgestattet mit der Sprachfähigkeit und der Sexualität, die beide der Kommunikation dienen. So wie diese beiden Wesen exemplarisch komplementär angelegt sind, sind sie auch verwoben und bezogen auf andere Mitbewohner der Erde und letztendlich auf die Unendlichkeit, auf Gott. Die Beziehungsfähigkeit hat besonders Buber betont:

»Die Welt ist dem Menschen zwiefältig nach seiner zwiefältigen Haltung. Die Haltung des Menschen ist zwiefältig nach der Zwiefalt der Grundworte, die er sprechen kann. Die Grundworte sind nicht Einzelworte, sondern Wortpaare. Das eine Grundwort ist das Wortpaar Ich-Du. Das andre Grundwort ist das Wortpaar Ich-Es; [...] Somit ist auch das Ich des Menschen zwiefältig. Denn das Ich des Grundworts Ich-Du ist ein andres als das des Grundworts Ich-Es« (Buber, 2008, S. 3).

Die Interventionen der Kompaktberatung nehmen das Auf-den-Dialog-angelegt-Sein und das Bezogensein des Menschen auf. Mit dieser Methode werden die Selbstheilungskräfte von Menschen durch andere hervorgerufen, angeregt und gestärkt. Menschen erfahren ihre Möglichkeiten und erleben ihre Fähigkeiten. Das stärkt ihren Glauben an sich selbst und aktiviert ihr Handlungsvermögen. Bestechend an diesem Konzept, dem des lösungsorientierten Ansatzes, ist die Schlichtheit und Einfachheit. Um sich in komplexen, schwierigen Situationen zu bewegen, hilft oftmals ein Blick von außen, der neue Ansichten und eventuell Erkenntnisse zulässt, die zu Interventionsmöglichkeiten werden können, wie zum Beispiel Merksätze.

Kein billiges Vertrösten und Drauflosreden ist gemeint. Keine Ratschläge, die oft als Schläge beim Anderen ankommen, sind angebracht. Sensibles Einfühlen, präsentes und konzentriertes Beim-Anderen-Sein sind stattdessen gefragt. Daraus ergeben sich Fragen wie zum Beispiel: Was braucht er in seiner Situation? Was führt weiter und ist hilfreich? Es gilt, eine heilsame Wahrnehmungsperspektive zu entwickeln. Mit Bedacht gewählte Worte sind es, die Menschen weiterführen. Ein Satz verblüfft und macht dem Gehirn Beine. Im Wiederholen und Rezitieren von Sätzen liegen weitere Kraftquellen.

Vom Theologen Karl Barth, der mehrere Generationen von Theologen und christlichen Laien prägte, erzählte mir einer seiner Schüler, der heute auch schon im betagten Alter ist, dass er jede Vorlesung mit dem Lied »All Morgen ist ganz frisch und neu des Herren Gnad und große Treu. Sie hat kein End den langen Tag, drauf jeder sich verlassen mag« beginnen ließ und dann seinen Studenten erzählte, dass es genau darum ginge: Jeden Tag so anzufangen, als sei es der erste und der letzte. Es gibt nichts vorher und nichts hinterher. Das Leben im Augenblick war für ihn ein theologisches Diktum. Auf Schwyzerdütsch soll er dann erklärt haben: »Und nun lasst es uns angehen!« »Und deshalb schrieb Karl Barth auch seine Dogmatik auf die Weise, als hätte er gestern nichts geschrieben«, berichtete mir sein ehemaliger Schüler mit Augenzwinkern.

Ich denke, er meinte, dass dies die Wiederholungen im Werk erklären würde. Nichtsdestotrotz gibt es psychohygienisch kaum etwas Gesünderes, als genau mit den Worten (gesungen wirken sie noch besser) »All Morgen ist ganz frisch und neu ...« jeden Tag zu beginnen. In diesem Fall ist es die Wiederholung des Bekannten, die sich festsetzt und frische Energie und neue Kraft freisetzt, um ohne Altlasten des vergangenen Tages oder der Nacht zu beginnen. Beeindruckend war für den ehemaligen Schüler, wie es Barth schaffte, sich jeden Tag zu motivieren. An diesem Beispiel wird deutlich, wie individuell der Zuspruch aussieht. Was Barth täglich motivierte, mag bei einem anderen Menschen eher das Gegenteil hervorrufen.

Wie wenige Worte das Herz von Menschen erreichen können, zeigt ein Beispiel aus der Praxis.

Eine Frau berichtete mir, wie sich ein Satz in ihrer Persönlichkeitsstruktur verfangen hatte, haften geblieben war und ihr half, traumatische Ereignisse ihres Lebens für sich bereichernd zu bearbeiten. Sie erzählte, dass sie nach dem frühen Tod ihres Mannes, nach der langjährigen Ehe, zu nichts mehr imstande war. Unfähig, etwas zu tun, und wie gelähmt fühlte sie sich. Keinen Weg sah sie für sich, den zu gehen sich im Leben lohnte. Sie wollte einfach nicht mehr da sein. Ihre Freundin öffnete ihr mit Überredungskunst und Engelszungen die Tür zu einem Therapeuten, dem sie auch vertrauen konnte. Sie selbst schätzte es als schwierig ein, therapeutisch mitzuarbeiten. Sie war verletzt, fühlte sich verraten, war geschockt und traumatisiert. Nach ihrer späteren Einschätzung war also wenig an Spielraum und Offenheit für therapeutisches Geschehen vorhanden.

Einmal fiel ein Satz sozusagen nicht auf den Boden, sondern in ihr Herz: »Nehmen Sie alles, was Ihnen begegnet, mit Lächeln an.« Für sie war dieser Satz die Härte. Sie, die Gebeutelte, die Geplagte, die Verlassene und Trauernde sollte alles, was ihr widerfuhr, mit einem Lächeln annehmen?! Sie kommentierte: »Das war ja wohl das Allerletzte, zu dem gehe ich nie wieder hin.« Aber dieser Satz ließ sie nicht in Ruhe. Immer und immer wieder kam er hoch und brach etwas in ihr auf. Die Verblüffung, das Unerwartete, das dieser Satz für sie ausstrahlte, hatte in ihrem Gehirn etwas ausgelöst, was dazu führte, dass er sie nicht mehr losließ. Eigentlich konnte sie doch gar nicht mehr lächeln, und nun sollte sie alles, was ihr begegnete mit einem Lächeln annehmen. Alles in ihr wehrte sich dagegen. Nie und nimmer würde sie sich auf diese Weise vertrösten lassen. Ihren Zorn lebte sie aus, indem sie mit versteinertem Gesicht durch die Gegend ging. Ihr Verhalten führte dazu, dass sie noch weniger Kontakt mit anderen Personen hatte. Eines Tages sah sie ihr Gesicht, als sie einkaufte, im Schaufensterladen und erschrak über sich selbst, denn sie sah eine verbiesterte, alte und einsame Frau. Da musste sie an den Satz des Therapeuten denken und brach in Lachen aus. In ihr hatte sich etwas gelöst und sie war dankbar dafür. Aus dieser Dankbarkeit heraus schenkte sie sich so oft, wie es ihr möglich war, ein Lächeln.

Dialogische Fähigkeiten

Der Physiker David Bohm (1917–1992), der mit Anleihen aus der Quantenphysik zum Kommunikativen einiges zu sagen hatte,

erarbeitete ein Modell, um die Wahrnehmung zu schulen, in dem er in besonderer Weise auf die innere Öffnung Wert legte. Er sprach davon, was es bedeutet, dialogische Fähigkeiten zu entwickeln, und empfahl in sieben Überlegungen, den Aufbau eines Gesprächs zu bedenken (Bohm, 1998, 2004):
1. Wahrnehmen und Hinspüren.
2. Denken und Bewerten voneinander abkoppeln.
3. Das Denken beobachten.
4. Gesagtes nicht hinterfragen, sondern in der Schwebe lassen.
5. Eigenes relativieren, denn alles verändert sich, wenn einer etwas sagt.
6. Sich um ein im Inneren suchendes und erkundendes Sprechen, das von Herzen kommt, bemühen.
7. Den Dialog als auffaltenden Prozess begreifen, als ein emergentes Phänomen.

Was ein emergentes Geschehen ist, lässt sich mit dem im Kinderbuch »Swimmy« (Lionni, 2016) beschriebenen Ereignis erklären. Es erzählt davon, wie sich viele kleine Fische als Schwarm zusammentun und dadurch wie ein großer Fisch wirken und dann andere Fische verscheuchen. Etwas schöpferisch Neues passiert, obwohl sich nur ein paar Fische gemeinsam organisiert haben.

Grundaussagen für empathisches Zuhören werden von Bohm neu verbunden mit Überlegungen aus dem Konstruktivismus. Die Aufforderung, wahrzunehmen, hinzuspüren (1), nicht zu bewerten (2) und vom Herzen (6) aus, also mit Gefühl, zu agieren, ist aus vielen Therapie- und Beratungsansätzen bekannt. Hinzu kommt: in der Schwebe lassen (4), was bedeutet, ein Gespräch auf eine Weise zu führen, dass es Räume für Erfahrungen eröffnet und ein neues Sehen ermöglicht (5). Emergente Phänomene können sich entfalten (7). Die Einsicht in die Relativität des von Personen Gesagten (5) befreit von Erfolgszwängen (siehe Seite 29 ff.). Denn schon im Aussprechen von Worten verändert sich eine Situation.

Genaues Hinhören wird mit dem Loslassen von Gedanken und Worten verbunden, ein intensives Miteinander-Zulassen kann geschehen. In einem Gedicht formen sich die dargelegten Gedanken zu Bildern:

Mysterion
Es schweigt,
schwebendes Hören kreist!
Stammelndes Nähern ...
Schwindelnde Gedankenhöhen,
geistverhangene Schwaden wabern.
Neues Land in der Ferne
Du siehst Licht!
(Heiderose Gärtner-Schultz)

Schlüsselmomente
Es gibt Augenblicke im Leben, die die persönliche Welt auf den Kopf stellen, weil prägende Erfahrungen gemacht werden. Manchmal wird anstatt von Schlüsselmomenten von magischen Momenten gesprochen. Sie verändern eine Situation, eine Einstellung vollkommen. Die Erklärung für die Bezeichnung als Schlüsselmoment leitet sich von der Bedeutung des Schlüssels ab: Notenschlüssel, Schlüssel der Erkenntnis oder der Schlüssel, der zum Dechiffrieren einer Geheimschrift nötig ist, steckt hinter diesem Wortbild. Das heißt, etwas passiert in einem solchen Augenblick, das mir Werkzeug zum Verständnis in meinem Leben gibt, für das, was bis dahin unverständlich war.

Von George Bernard Shaw wird folgendes Ereignis erzählt. Als Fünfjähriger sah er, wie sein Vater sich gerade rasierte. »Daddy«, fragte er, »warum rasiert du dich?« Der Vater schaute erstaunt auf, blickte in den Spiegel und schwieg. Dann warf er sein Rasiermesser auf den Tisch und rief: »Verdammt nochmal, warum rasiere ich mich eigentlich?« – und soll sich, so wird erzählt, nie wieder rasiert haben.

Eine absichtslos gestellte Frage mit verblüffender Wirkung, unerwarteter Folge. Die Kinderfrage deckte auf, dass sich der Vater über den Sinn seines Tuns nicht im Klaren war. Das hatte zur Folge, dass er die Handlung einstellte.

Inken Christansen berichtet im »Der andere Advent« 2015/16 von ihrem Schlüsselmoment: »Mein Vater starb ganz plötzlich, als ich sechzehn Jahre alt war. Innerhalb weniger Stunden geriet die Welt meiner Familie aus den Fugen. Wir gingen wie auf schwankendem Grund. Alles Alltägliche erschien unwichtig. Wohin mit meinem Lebenshunger? Einige Wochen später bekamen wir einen Brief. Eine Freundin meines Vaters erzählte uns darin, mit welchen Worten er sie selbst einmal getröstet hatte. Was für ein überraschender Blick: ›Gott hat seine Schöpfung so reichlich mit kleinen und großen Freuden ausgestattet, dass es geradezu Gotteslästerung wäre, sie zu verachten, statt zu genießen.‹ Dass mir das zugesprochen wurde! Dieses Erbe anzutreten: nicht im verzagten Trauern, sondern im immer neuen Entdecken all der Lebenswunder. Ich konnte damit beginnen, die Scherben zu einem neuen Mosaik zusammenzusetzen. Bunt ist es geworden, dieses Lebensbild, und dieser Satz hat sich mir eingebrannt und befreit mich von kleingeistigen Ärgereien: Genieße das geschenkte Leben!«

Wenige Worte erschließen einem suchenden Menschen einen neuen, dauerhaften Lebenszugang.

Ein einziges Wort
Ein einziges Wort kann wie fruchtbarer Regen niederfließen
Auf die welkende Seele,

ein mitfühlendes Wort.
Ein einziges Wort
Kann wie ein Regenbogen sich spannen über den Weg
Und leuchten über den Staub,
ein einziges, erfreuendes Wort.
Ein einziges Wort
Vom höchsten Berggipfel her
Kann niedersteigen zu der Seele,
ein erlösendes Wort.
Ein einziges Wort
Ist wie eine Treppe mit goldenem Halt
Für unsichere Steiger,
ein ermutigendes Wort.
Ein einziges Wort,
kann dem Tage den Feierabend bringen,
kann jeden aufrichten, der fällt,
ein menschliches Wort.
(Elza Rozenberga 1865-1943)

Die lettische Dichterin Rozenberga beschreibt die positive Macht des Wortes. Worte können aufrichten, erlösen und Unsicheren Halt geben. Worte können auch vernichten. Die positiven Sätze der Bezugspersonen haben ermutigt und aufgerichtet, die negativen konnten eine niederschmetternde Wirkung ausüben (siehe Seite 25 ff.). Wenn man davon ausgehen kann, das Beratungsinterventionen den Sinn und die Aufgabe haben, dem Anderen Sprache an die Hand zu geben, die sein Denken in Richtung Lösung und Verbesserung der eigenen Situation weiterbringt, so kann man die Erfahrung machen, dass dies nicht immer gelingt und häufiger auch nicht so gelingt, wie der Beratende es sich vorgestellt hat. Eine Beratung ist nur teilweise steuerbar. Es geschehen immer wieder Dinge und Entwicklungen, die nicht vorauszusehen sind (siehe Seite 12).

Gerade deshalb ist es gut, sich der Verantwortung bewusst zu sein, die das Gesagte für den Anderen haben kann. Persönliche Aufmerksamkeit und intensive Vorbereitung sind angebracht (siehe Seite 89 f.).

Leid und Tod sind Teil des Lebens

Umgang mit der Vergänglichkeit des Daseins bei Frankl

Frankl (1982) setzt sich in seinen Überlegungen zur Vergänglichkeit sowohl von der Position der Existenzphilosophie wie des Quietismus ab. Während erstere den Menschen als einen ansieht, der vom Nichts zum Nichts geht, der ins Sein geworfen und dort vom Nichts bedroht wird – er spricht an dieser Stelle vom tragischen Heroismus des Menschen in der Existenzphilosophie, der im Schreiten vom Nichts zum Nichts trotzdem Ja zum Dasein sagt –, ist dem Quietismus die Realität nur Schein, gleichsam uneigentlich, und solches Leben im Jetzt verhindert den Blick auf das eigentlich Seiende, die eigentliche Wirklichkeit, die Ewigkeit.

Am Beispiel der Sanduhr entfaltet Frankl seine Position, die der Existenzanalyse: In der Mitte liegt die Gegenwart. Die Zukunft ist nichts, die Vergangenheit dagegen die eigentliche Wirklichkeit. In ihr ist alles, was war, aufbewahrt und aufgehoben, nicht nur vergangen, sondern gespeichert und konserviert.

Während die Existenzphilosophie nur die enge Stelle an der Sanduhr sieht, durch die der Sand rieselt, die Gegenwart also, verhält sich ein der Existenzanalyse verpflichteter logotherapeutisch orientierter Mensch wie jemand, der jeden Tag seinen Kalender abreißt, auf der Rückseite notiert, was er heute getan hat, und dann die Blätter auf einem Stoß sammelt. Er ist stolz auf das, was er darin festgehalten hat, und ist nicht traurig über das Abreißen eines Blattes, weil damit ein Tag vergangen ist. Die zu ergreifenden Möglichkeiten zur Werteverwirklichung sind damit zwar vergangen, aber die ergriffenen Chancen der Sinnverwirklichung bleiben in der Vergangenheit unvergänglich aufbewahrt.

Um die Verwirklichung von Werten im Leben des Menschen geht es. Diese Aufgabe, die das Leben dem Menschen stellt, muss vom Einzelnen immer neu angegangen werden. Die Möglichkeiten zur Werteverwirklichung sind dabei jedem zu jeder Zeit gegeben. Einzigartigkeit des Lebens und Verantwortung für das Leben sind konstitutiv für den Sinn menschlicher Existenz. Die Vergänglichkeit des Daseins fokussiert sowohl den Aufgabencharakter als auch die Einmaligkeit des Lebens. Wären wir unsterblich, könnten wir jede Handlung ins Unendliche aufschieben. Da wir vergänglich sind, gilt: »Lebe so, als ob du zum zweiten Mal lebtest und das erste Mal alles falsch gemacht hättest, wie du es zu machen im Begriffe bist« (Frankl, 1946/1987, S. 109).

Die Gegenwart ist die Grenzfläche zwischen dem Nichts der Zukunft und der Ewigkeit des Vergangenen, in ihr scheint sich nach Frankl alles zu entscheiden. Hier lohnt sich ein Vergleich mit dem Zeitverständnis der Hebräer. Die hebräische Sprache kennt kein Präsens. Hat eine Handlung stattgefunden, gehört sie der Vergangenheit an. »Zwischen dem, was geschehen ist, und dem, was geschehen wird, gibt es nichts« (Chouraqui, 1975, S. 192–195). Alles, was getan wird und was geschieht, ist im Augenblick des Vollzugs vergangen. Das heißt, der Augenblick ist wichtig, denn durch den Tod hat der Mensch die Sinnverwirklichungsmöglichkeiten verloren. Er hat nicht mehr, er ist nur noch, eben sein Selbst. Auch nach dem Tod bleibt allerdings die Gesamtheit unseres Lebens erhalten, ob sich jemand von den Lebenden daran erinnert oder nicht. »Im Protokoll der Welt ›aufgenommen‹ wird alles, unser ganzes Leben, all unser Schaffen,

Lieben und Leiden; aufgenommen wird es in dieses Protokoll und ›aufgehoben‹, aufbewahrt bleibt es in ihm« (Frankl, 1982, S. 52). Der Mensch, so sagt er in einem anderen Bild, arbeitet in seinem Leben wie der Bildhauer am Stein (vgl. Frankl, 1946/1987, S. 110). Den Termin, wann das Kunstwerk fertig sein soll, kennt er nicht. Doch auch wenn das Werk nicht fertig wird und Fragment bleibt, ist es nicht wertlos. Darum muss die Zeit genutzt werden. Nicht die Länge eines Menschenlebens ist entscheidend, sondern wie es verwendet wurde, wie mit der zur Verfügung stehenden Zeit umgegangen wurde. Der Tod erinnert an die Verantwortung, die der Mensch für jeden Augenblick des Lebens hat, er ist Ansporn zu verantwortetem Tun.

Frankls Verständnis der Vergangenheit ist hilfreich und wichtig, da es in einfühlsamer Weise eine andere Sicht des Vergangenen vermittelt als gemeinhin üblich. Die gelebte Zeit wird von den meisten Menschen unter dem Aspekt der Flüchtigkeit gesehen. Die Stoppelfelder der Vergänglichkeit werden betrachtet und nicht die vollen Scheunen der Vergangenheit. Es wird an den vergangenen Dingen nur gesehen, dass sie nicht mehr sind, in welche Speicher sie gekommen sind, wird nicht gefragt (Frankl, 1982, S. 56). Frankls Einsichten können diese Einstellung eines Menschen zu seiner Vergangenheit verändern. Der Mensch kann lernen, seine Vergangenheit als kostbares Gut anzunehmen. Wertvoll ist darum Frankls Sicht der Vergangenheit als etwas Unverlierbares, dargestellt im Bild von der gefüllten Scheune. Ein Beispielgespräch zeigt, wie Frankl mit Menschen in Todesnähe redete, die in ihrem Leben keinen Sinn mehr entdecken konnten. Er versuchte, ihnen ihre Vergangenheit als kostbares Gut nahezubringen.

Einer achtzigjährigen unheilbar an Krebs erkrankten Frau versucht er Trost zu vermitteln. Er lässt sie über ihr reiches Leben berichten, was sie mit Freude tut. Dann aber meint sie, dass jetzt wohl alles vorbei sei. Frankl fragt sie, ob sie meint, dass das Schöne, das sie erlebt hat, die Güte, die sie erfahren hat, jemals vorbei sein könnten. Die Patientin verneint gerührt. Sie spricht an, dass es aber auch viel zu erleiden gab in ihrem Leben. Er fragt sie, wie sie damit umgegangen ist. Sie hat es überstanden, trotzdem weitergemacht. Das lobt Frankl und ermutigt sie, darauf stolz zu sein. Seine circa 150 Studenten, die diesem Gespräch beiwohnten, ging die Art und Weise des Dialogs nah, denn sie applaudierten spontan. »Ihr Leben ist ein Denkmal« (Frankl 1946/1987, S. 288). Die ältere Dame starb eine Woche später friedlich.

Frankl vergleicht das Leben eines Menschen mit einem Film, der gerade aufgenommen wird und nicht geschnitten werden darf. Alles wird so aufgenommen, wie es gelebt wird, es kann nichts korrigiert werden. Frankls ausdrucksstarke Bilder für sein philosophisches Gedankengebäude sprechen auch heute noch Menschen in Therapie und Seelsorge an.

Frankls Sicht des menschlichen Lebens impliziert eine bestimmte Wertung des Todes. Er hat nicht nur vernichtenden, sondern auch verewigenden Charakter. Erst im Tod nämlich ist das Sein selbst abgeschlossen. Gleich wie ein Film bekanntlich erst nach dem Abdrehen fertig ist, so vollendet sich das menschliche Leben erst durch den Tod, wenn das Gute und das Schlechte für immer aufgezeichnet sind. Der Gestorbene hat weder Zukunft noch Vergangenheit, sondern er ist seine eigene Vergangenheit. »So gelangen wir aber zu der Paradoxie, dass die eigene Vergangenheit des Menschen die eigentliche Zukunft ist, die er zu gegenwärtigen hat« (Frankl, 1982, S. 55).

Dass er sie zu gegenwärtigen hat, verhindert trotz dieser fast euphemistischen Sicht des Vergangenen das Missverständnis einer Vergangenheitsverherrlichung, die dann in der Gefahr stünde, die Gegenwart zu verpassen und Leben ausschließlich in der Vergangenheit zu sehen. Solcherweise würde ein Leben im Jetzt verhindert werden. Frankl jedoch betont den Wert des Vergangenen gerade deshalb so stark, weil er in die Verantwortung für die Gegenwart rufen will. Er versucht nicht, das Leben in der Gegenwart zu verhindern, sondern verantwortungsvoll zu ermöglichen.

Frankls Sicht der Vergangenheit und des Todes führen zu einer sehr bewussten Gestaltung der Gegenwart. Das Leben hält für den Menschen in jedem Augenblick sinnvolle Aufgaben bereit, in jedem Lebensalter bis hin zum Sterben. Die Verwirklichung der Lebensaufgaben kann auch in Form der Verwirklichung von Einstellungswerten geschehen. Demgegenüber kann die Begrenzung des Lebens auch bereichernd erlebt werden. Die Annahme dieser Grenze macht deutlich, dass das Leben einmalig ist. Der verantwortliche Umgang mit dem Leben steigt, ebenso wie die Dankbarkeit für jeden Augenblick.

Wilhelm Hoffsümmer (1983) erzählt von einem Mann, der von einer Schlange bedroht wird und gegen sie zu kämpfen beginnt. Die Schlange ist übermächtig, er flieht, sie folgt ihm und der aussichtslose Kampf beginnt von vorn. Seine Kräfte verzehren sich, er kann nichts mehr leisten. Ein Weiser sieht dieses vergebliche Bemühen und rät, vor der Schlange nicht mehr zu fliehen. Er solle sich neben die Schlange legen und sich ihren Windungen anpassen, nur das würde ihn retten, sie würde ihn niemals mehr angreifen. Der Mann tat es und war tatsächlich gerettet.

Die Angst vor dem Tod, für den in der Geschichte die Schlange das Sinnbild ist, hindert manche Menschen am Leben. Ein positiver Umgang mit der Begrenzung des Lebens ist dann gelungen, wenn es nicht nur um ein Hinnehmen und Das-Beste-daraus-Machen geht, sondern wenn die Grenze deswegen angenommen werden kann, weil Gott diese Demarkationslinie für uns letztendlich doch wieder aufgehoben hat in dem Versprechen, dass seine Zuwendung auch über den Tod, also über die Begrenzung hinaus besteht.

Hilflosigkeits- und Sinnlosigkeitsgefühle
Manchmal steht man hilflos daneben, wenn ein Mensch durch den Verlust eines Nahestehenden in einen Abgrund stürzt. Aber auch das Gefühl, verlassen und einsam zu sein, kann bedrängend sein. Oft werden diese Empfindungen kaschiert. Dann wird Klage geführt über äußere Dinge, wie über die Nachbarn, das Alter allgemein oder über konkrete Beschwerden. Exemplarisch wird das Thema Einsamkeit durch das folgende Gespräch wiedergegeben. Es geht darum, Ressourcen und Möglichkeiten zu erspüren, die noch vorhanden sind und genutzt werden können. In der Art der Gesprächsführung wird versucht, die Frau zur Erkenntnis und Wahrnehmung ihrer Möglichkeiten zu bewegen und sie beim Umsetzen zu unterstützen. Das Gespräch zeigt auch, wie eine gelungene Beratungsintervention aussieht. Es ist eine längere Sequenz, weil gezeigt werden soll, wie behutsames Intervenieren Selbststärkungskräfte fördert, die in Sinn und Leben förderndes Verhalten umgesetzt werden können. Das Gespräch fand im Rahmen eines Krankenbesuches statt. Bei der Kranken handelt es sich um eine 86-Jährige, Frau X genannt. Es ist ein beispielhaftes Gespräch dafür, wie ein Mensch wieder Vertrauen in sein Tun finden kann.

B: klingelt. (Frau X öffnet mir lächelnd die Tür und sieht mich freundlich an.)
X: Ach Frau B., schön, dass Sie kommen, ich habe schon gewartet.
B: Guten Tag, Frau X, ich freue mich auch, Sie zu sehen. Es sind seit unserer letzten Begegnung schon wieder ein paar Wochen vergangen.

Leid und Tod sind Teil des Lebens

X: Ja, kommen Sie rein, wir setzen uns. (Frau X nimmt Platz, lächelt nervös, spielt nervös mit ihren Händen. Es ist spürbar, dass sie etwas quält.)
B: Frau X, wie ist es Ihnen denn ergangen während der letzten Zeit?
X: Ach wissen Sie: Jeder will alt werden, aber keiner will es sein!
B: Das ist eine Erfahrung, die viele ältere Menschen machen. Bei Ihnen ist das wohl auch so?
X: Genauso ist es! Es wird immer weniger mit mir. Sie wissen ja, mit dem Laufen geht es so schwer. Ich brauche für jede Kleinigkeit die doppelte Anlaufzeit. Es geht mir alles so schwer von der Hand.
B: Frau X, ich weiß, es ist nicht einfach für Sie. Ich bewundere deshalb auch, dass Sie trotzdem immer wieder Ihre Wohnung so schön und gemütlich herrichten. Hier fühlt man sich richtig wohl.
X: (Frau X wird sofort lebendiger.) Ja, das ist mir sehr wichtig. Ich brauche schöne Dinge, die ich ansehen kann. Ich brauche eine schöne Umgebung, wenigstens bei mir, wenn es außen schon so schlimm ist. Das ist mein Schutzraum.
B: Darf ich fragen, was das ist, dass außen so schlimm ist? Wovor möchten Sie sich schützen?
X: Ach schauen Sie doch, was in der Welt alles passiert. Die Menschheit bringt sich selber um. Ich werde damit kaum fertig. Jeden Tag sehe ich mir die Nachrichten an, um zu wissen, was in der Welt vor sich geht. Aber es ist alles so grausam und so schrecklich. Mein Sohn hat mir schon verboten, dass ich mich damit konfrontiere, weil es mir so nahe geht. Ich kann doch aber nicht einfach die Augen verschließen. (Frau X schüttelt hilflos den Kopf, wirkt traurig.)
B: Anteilnahme am Schicksal anderer Menschen und Mitgefühl zu empfinden sind sehr wertvolle Eigenschaften. Sie zeigen noch Interesse an dem, was um sie herum geschieht, und

ergeben sich nicht der Gleichgültigkeit. Das zeigt, dass Sie ein sehr sensibler und tiefgründiger Mensch sind, und Ihr Sohn weiß das natürlich und schätzt das vermutlich auch sehr an Ihnen. Ich kann mir vorstellen, er möchte Sie schützen, damit Sie von Ihren Gefühlen nicht überflutet werden.

X: Ja, das stimmt, aber ich war schon immer so. Alles ist mir immer ganz nahe gegangen. Ich bin niemand, die verdrängen kann. Wenn jemand Sorgen hatte in der Familie, war ich da und habe sofort geholfen oder auch im Freundeskreis oder in der Nachbarschaft. Ich habe niemanden hängen lassen. Es hätte mir das Herz gebrochen. Für jeden war ich da ... (Frau Xs Stimme wird schwach, sie kämpft mit den Tränen.)

B: Und jetzt wünschen Sie sich jemanden, der einmal für Sie da ist und bei Ihnen ist? (Frau X bricht nun richtig in Tränen aus. Ich habe das Gefühl, mich dem eigentlichen Problem zu nähern.)

X: Es ist so schwer für mich, dieses Alleinsein auszuhalten. Ich bin so viel allein und da denkt man so viel nach, was alles auf einen zukommt. (Ich überlege, ob ich nun den Schwerpunkt auf das Alleinsein oder auf die Angst vor der Zukunft legen soll, und entscheide mich für die Problematik des Alleinseins.)

B: Frau X, was macht denn Ihr Alleinsein im Moment so besonders schwer? Ich habe den Eindruck, irgendetwas belastet Sie mehr als sonst?

X: Ja, Sie kennen mich schon gut, es ist tatsächlich so. Sie können mir glauben, die Urlaubszeit jedes Jahr, für andere die schönste Zeit im Jahr, ist für mich die Hölle. Sehen Sie! (Frau X greift zu zwei Postkarten, die auf dem Tisch liegen, und gibt sie mir.) Meine Kinder haben mir geschrieben aus dem Urlaub. Sie sind lieb, haben an mich gedacht ... (Frau X schweigt.)

B: Es freut Sie, dass die Kinder Ihnen eine Karte geschrieben haben, aber es reicht Ihnen nicht. Ist es nicht so? (Frau X nickt traurig.) Frau X, ich beginne nun besser zu verstehen. Sie haben mir einmal erzählt, dass Ihre Tochter sonst ein paar Mal in der Woche bei Ihnen vorbeikommt, einkaufen geht und sich mit Ihnen unterhält. Auch Ihr Sohn und seine Frau kommen Sie oft besuchen und regeln die geschäftlichen Dinge. In den sechs Wochen Urlaub fällt das alles plötzlich weg und Sie fallen in eine schreckliche Leere.

X: Das stimmt. Sechs Wochen sind so eine lange Zeit. Heute müssen die Leute ja auch nach Japan, nach Amerika und Afrika reisen. Bei uns gibt es ja offenbar keine schönen Flecken mehr. (Eine Spur von Verbitterung breitet sich bei Frau X aus. Ich entscheide mich, darauf nicht direkt einzugehen.)

B: Ich verstehe Ihre Situation und Ihre Traurigkeit. Können Sie verstehen, dass Ihre Kinder diese Erholungszeit einmal im Jahr brauchen, oder denken Sie, das wäre nicht notwendig?

X: Das ist es ja, ich verstehe es sehr gut. (Frau X Stimme wird wieder fester.) Beide Kinder haben eine große Familie und sind sehr eingespannt. Mein Sohn hat die Firma und Sie wissen ja, meine Tochter hat eine sehr große Belastung mit meiner behinderten Enkelin. Beide haben mit sich sehr viel zu tun, es gibt eine ganze Reihe von Beschwernissen und Sorgen. Trotzdem holen die Kinder mich auch immer wieder zu Familienfeiern und zu Ostern und Weihnachten. Sie sind wirklich lieb, meine Kinder! Glauben Sie mir, ich gönne Ihnen diese Urlaubszeit von Herzen, aber für mich ist es eine lange einsame Zeit. Ich habe keinen Ansprechpartner und rede oft schon mit mir selber. Auch meine Untermieter sind ausgerechnet in dieser Zeit mit ihren Kindern weg.

B: Frau X, habe ich es nun richtig verstanden, dass für Sie vor allem diese sechs Wochen Urlaubszeit im Jahr ein Problem darstellen, sich ansonsten Ihre Kinder aber sehr intensiv um Sie kümmern? (Frau X nickt zustimmend.) Ihre Tochter kommt drei Mal in der Woche und Ihr Sohn zwei Mal. Beide haben eine erhebliche Fahrzeit. Ihre Kinder haben Sie offensichtlich sehr gern und bringen auch Opfer, um die Besuche bei Ihnen zu ermöglichen. Sie können stolz auf Ihre Kinder sein.

X: Ja (Frau X lächelt wieder), ich bin auch stolz auf sie, sie mussten schon so vieles bewältigen und haben es geschafft!

B: Es ist doch eine Leistung, mit 86 Jahren noch relativ gut alleine in der eigenen Wohnung zurechtzukommen. Sogar die Wohnung noch gemütlich zu gestalten. Sich dafür zu interessieren, was in der Welt passiert. Sie sind gedanklich noch fit, können also auch geistig noch sehr gut für sich selbst sorgen. Im Grunde sind Sie doch eine kluge und starke Frau!

X: Das macht mir ja jetzt richtig Mut, wenn Sie das so sagen. In meinem Schmerz habe ich das alles gar nicht wahrgenommen. Ich sollte wirklich dankbar sein, dass es mir noch so gut geht. Viele in meinem Alter sind ganz arm dran. (Frau X wirkt nun gelöster und fast gut gelaunt.)

B: So Frau X, jetzt überlegen wir mal gemeinsam, ob es nicht eine Möglichkeit gibt, Ihnen diese sechs Wochen im Jahr, in denen Ihre Kinder nicht für Sie da sind, erträglicher zu gestalten. (Ich fühle mich etwas unter Druck, diese gute Stimmung nun halten zu müssen.) Ich kann mir nicht vorstellen, dass es außer Ihren Kindern niemand mehr gibt, mit dem Sie in Kontakt kommen könnten.

X: (zögerlich) Schon, aber ich möchte niemanden nerven oder keinem zur Last fallen …

B: Sie wollen an Ihrer Situation etwas ändern, also müssen Sie auch den ersten Schritt machen und auf jemanden zugehen. Vielleicht ergeht es dem Anderen genauso und er ist froh, dass Sie ein Signal gegeben haben. Und Sie wissen ja: Wer nicht wagt, der nicht gewinnt! (Frau X lacht herzlich, ich dagegen kämpfe noch immer, damit die Stimmung nicht kippt.) Ich spüre, Sie denken schon ganz konkret an jemanden?

X: Ja, es gibt eine Frau, mit der ich, als es mir noch besser ging, öfter zu den Altennachmittagen der Pfarrei gegangen bin. Das werde ich jetzt nicht mehr schaffen, aber ich könnte diese Dame mal zu mir zum Kaffee einladen. Da könnten wir einander etwas erzählen.
B: Das klingt doch schon sehr verlockend.
X: Mit einer anderen Frau, die auch ganz schlecht laufen kann, verstehe ich mich auch ganz gut. Wir waren früher zusammen in der Schule (lächelt erinnernd). Vielleicht könnten wir ja in der Urlaubszeit mal öfter miteinander telefonieren und alte Erinnerungen austauschen.
B: Frau X, das sind ja schon zwei gute Ideen … (Frau X fällt mir fast übermütig ins Wort und sagt …)
X: Es gibt noch eine Nachbarin zwei Häuser weiter. Die ist sehr nett und hat mir schon öfter angeboten, mir etwas mitzubringen, wenn ich nicht kann. Sie ist noch viel jünger als ich und die würde mich vielleicht auch mal so einfach besuchen.
B: So, Frau X, jetzt haben Sie selber drei Ideen geäußert, wie Sie diese für Sie so schlimme Urlaubszeit überbrücken könnten. Wenn Sie nur eine davon in die Tat umsetzen, werden Sie sehen, dass es Ihnen schon besser gehen wird, weil Sie in Ihren Grenzen aktiv geworden sind und Kontakt zu jemand anderem aufgenommen haben. Sie können dann viel gelassener sein und sich auf die Zeit freuen, in der Ihre Kinder wieder da sind. Ich werde Sie nächste Woche einmal anrufen, um zu hören, ob Sie erfolgreich waren!
X: Ach ja, machen Sie das, da freue ich mich. Ich bin jetzt irgendwie richtig erleichtert. Es hat mir so gut getan, mit Ihnen darüber zu sprechen. Vorher war alles so aussichtslos, aber ich freue mich immer, wenn Sie kommen und wir zusammen beten. Ich bete viel, das gibt mir Kraft.

Damit wird das Gespräch beendet. Es ist aus folgenden Gründen ein gelungenes Beratungsgespräch:
1. Frau X entwickelt mithilfe ihrer Besucherin Engagement und Eigeninitiative, was sie offensichtlich auch die Beschwernisse ihres Lebens vergessen lässt.
2. Es ist der Besucherin gelungen, die alte Dame ihrer Selbstzentrierung und der Fokussierung auf die Defizite ihres Lebens zu entreißen.
3. Frau X spürt durch die gezielte Gesprächsführung der Beraterin ihre Kompetenz, verlässt die Klagehaltung und plant ihr Leben aktiv.
4. Sie entwickelt Selbstdistanz durch den Satz »Wer nicht wagt, der nicht gewinnt« und lächelt (Dezentrierung).
5. Die Beratende vergisst auch die Ergebnissicherung des Gesprächs nicht, indem sie sagt, dass sie sich nächste Woche telefonisch nach dem Fortgang ihrer Aktivitäten erkundigen wird.

Es ist oft sehr schwierig, alte Menschen aus ihrer passiven Anspruchshaltung herauszuführen und im Gespräch neue, verwirklichbare Aktivitäten anzudenken, die dann auch in Angriff genommen werden. Dieses Gespräch war für Frau X sehr hilfreich, das kommt stimmungsmäßig auch ganz klar rüber.

Trauer als Neuanfang
Der Tod kann als Ende oder als Vollendung eines Lebens verstanden werden. Entweder denkt man, dass alles aus ist. Oder man geht davon aus, dass ein Leben ein Ganzes geworden ist. Das Werk und die Beziehungen, die es in einem Leben gab, bleiben. Dann ist der Tod als das i-Tüpfelchen zu betrachten. Ein Lebenswerk hat Ewigkeitscharakter erlangt.

Den Tod als Vollendung zu verstehen, regt an, das Sterben als wichtigen Teil des Lebens zu verstehen, und hilft Freunden und Angehörigen, loszulassen. Wie untröstliche Trauer zu einem Aufbruch ins Neue führen kann, berichtet die Geschichte von einem älteren Ehepaar.

Sie waren ein eingeschworenes Team, Helga und Hans, beide Rentner, sie wollten zusammen alt werden. Ein nicht selbst verschuldeter Unfall von Hans machte den Traum zunichte. Helga war untröstlich, sie sah keinen Sinn mehr im Weiterleben. Alles war in ihren Augen nichts mehr wert: das Haus, der Garten, das Auto. Sie zog sich zurück von ihren Kontakten und pflegte sie auch gegenüber den Nachbarn nicht mehr. Nach der Bestattung war sie noch einmal im Krankenhaus, um sich bei allen zu bedanken, die ihrem Mann helfen wollten. »Bei diesem Besuch begegnete ich ihr«, sagte eine ehrenamtlich im Besuchsdienst Tätige und fuhr fort: »Sie erzählte mir das Drama und schüttete ihr Herz aus. Der Kummer floss aus ihr heraus mit den Tränen und sie konnte nicht aufhören, zu hadern: Warum ist er mir genommen worden? Warum sind wir auseinandergerissen worden? Für mich hat das Leben keine Bedeutung mehr. Wir hatten uns in die Sofaecke auf der Station zurückgezogen. Ihre Worte, Tränen und Klagen waren verstummt. Ich hatte ihr aufmerksam zugehört und betont, dass ich ihren Schmerz und ihre Verzweiflung verstehe und mitfühle. Ich drückte ihre Hand und versuchte, Augenkontakt herzustellen, denn ich wollte sehen, ob sie aufnahmefähig war und eventuell den einen Satz, den ich ihr mitgeben wollte, hören könnte. Es schien so zu sein, und ich sagte: ›Denken Sie, dass Ihr Mann gewollt hätte, dass Sie sich Ihr Leben so schwer machen und sogar wegwerfen wollen?‹ Verblüfft und überrascht schaut sie mich an und meint empört: ›Nein, natürlich nicht! Der will, dass ich es mir gut gehen lasse.‹ Sie stand auf, warf den Kopf in den Nacken, sagte ›Danke‹ zu mir und verließ mit forschem Schritt das Krankenhaus. Wenige Wochen später erfuhr ich von der

Nachbarschaft, dass sie seit geraumer Zeit wie verwandelt sei. Sie ging neu auf die Nachbarn zu, backte Kuchen für sie, wusch die Vorhänge und hatte von Plänen erzählt, eine neue Wohnzimmereinrichtung zu kaufen.«

Die zuerst unendlich scheinende Trauer wandelt sich zu einem Neuanfang. Helga hat Frieden mit dem plötzlichen Tod ihres Mannes geschlossen und tut jetzt Dinge, von denen sie in ihrem Inneren weiß, dass diese auch ihr Mann für sie wollen würde.

Trauer ist wie der Akt des Verliebens und Sich-Annäherns, ein Akt des allmählichen Entwöhnens von der körperlichen Existenz des Anderen. Der Gestorbene wird sozusagen virtuell in die Gefühlswelt, in das Innere des Überlebenden hineingenommen. Ein Neuanfang eines anderen Lebens beginnt.

Sterben als Aufgabe betrachten

Der Sterbeprozess ist ein wichtiger Abschluss des Lebens. Die Vollendung geschieht. Oft gibt es Unerledigtes, das nach Aufarbeitung ruft. Es ist gut, wenn in dieser Phase noch Ausstehendes aufgegriffen und bearbeitet werden kann. Wichtig sind Hilfen, die durch Begleiter und Begleiterinnen gegeben werden können. Es ist gut, wenn späte Versöhnungen mit Kindern oder Angehörigen am Sterbebett möglich gemacht werden. Da dies leider manchmal nicht machbar ist, kann man Sterbende auf andere Weisen unterstützen.

Eine Krankenschwester berichtet von folgendem Erlebnis:

Eine alte Frau lag viele Wochen in einem komatösen Zustand. Sie war nicht mehr ansprechbar, konnte aber auch nicht sterben. Von ihrer leiblichen Schwester erfuhr das Pflegepersonal, dass die Kranke vor vielen Jahren ihre Kinder verlassen hatte und keinen Kontakt mehr zu ihnen hatte. Die Krankenschwester entschloss sich, die Einblicke, die sie von der Verwandten erhalten hatte, zu nutzen, um einen Kontakt mit der Patientin aufzubauen. »Ich habe gehört, dass Sie von Ihren Kindern weggegangen sind. Das war damals sicher sehr schwer für Sie, aber unausweichlich. Nehmen Sie Ihr Leben so an, wie es war. Sie haben versucht, mit den Aufgaben des Lebens zurechtzukommen. Wenn Sie heute etwas anders machen würden, vergeben Sie sich und lassen Sie es gut sein.« Sie, die Betroffene, öffnete kurz die Augen, ein Lächeln schien ihren Mund zu umspielen. Kurz darauf starb sie. Die richtigen Worte, die ihr halfen, loszulassen, waren gefunden und gesagt worden.

Suizid als gesellschaftlicher Unfall?

Die Bereitschaft zur Selbsttötung ist vielfach untersucht worden. Oft wird von einer längeren Vorbereitung ausgegangen, die zum tragischen Ende führt. Ein Mensch macht für sich schlechte und oft erniedrigende Erfahrungen, mit denen er allein bleibt und die in ihm den Entschluss reifen lassen, aus dieser Welt zu fliehen. In Fachkreisen wird kontrovers diskutiert, ob Suizide ausschließlich die Folge von Depressionen sind oder ob es eine sogenannte geplante intellektuelle Selbsttötung gibt. Die Möglichkeit, Suizide durch Beratung oder Therapie zu verhindern, wird unterschiedlich eingeschätzt. Wenn wir vom Modell der Kompaktberatung ausgehen, stellt sich die Frage, wie Kurzinterventionen Suizide verhindern können. Ein tragendes gesellschaftliches Netzwerk könnte demnach Suizidprävention oder sogar -verhinderung bedeuten.

Fanny Jiménez (2015, S. 65) schreibt in ihrem Artikel über die dreimal höhere Suizidrate bei Männern als bei Frauen und dass vor allem Männer spontan und impulsiv diese letzte Tat begehen. Trotzdem ist es offensichtlich möglich, eine Person mit Suizidabsichten zum Beispiel durch eine plötzliche Unterbrechung davon abzuhalten, den Suizid auszuführen: »Der dringende Impuls, sterben zu wollen, kann, so stark er auch ist, bereits innerhalb einer Stunde fast gänzlich verflogen sein, ... manchmal reiche es auch schon, wenn in einem solchen Moment unerwartet ein Freund anrufe, um die Suizidabsicht zu stoppen.« Ein Anruf, ein Wort zur rechten Zeit kann also nach diesen Erkenntnissen eine schlimme Tat verhindern und Leben retten.

Ein Beispiel aus meiner Arbeit in der Ehe-, Familien- und Lebensberatung verdeutlicht die Wirkung nur eines Satzes in recht drastischer Weise. Es ist ein Fall, in dem es um Suizidverhütung ging. Folgendes trug sich zu:

Ein junger Mann hatte, so stellte es sich für ihn dar, alles verloren. Er war Automechanikermeister, erfolgreich und zufrieden in seinem Beruf, und lebte seinen Traum, den er schon seit der Pubertät träumte. Er wollte nämlich Vater von zwei Kindern sein. Sein Traum von der kleinen Familie war in Erfüllung gegangen. In der Nähe seiner Arbeitsstelle hatte er ein Haus für die Familie gebaut und konnte durch die räumliche Nähe viel Zeit mit seinen Kindern verbringen. Seine beiden Mädchen waren im Grundschulalter. Aus seiner Sicht war ihr Idyll das perfekte Glück. Seine Frau teilte offenbar diese Gefühle nicht. Sie hatte einen anderen Mann kennengelernt und wollte sich trennen, was sie auch tat. Sie zog in die Wohnung des Geliebten und nahm die Kinder mit. Für den Verlassenen brach eine Welt zusammen. Der junge Mann löste sich vor mir, der Beraterin, in Tränen auf. Seine Reaktion war angemessen und verständlich. In gewisser Weise litt ich mit. Wie ein Luftballon zerplatzte sein Glück. Nichts war mehr da, die Stücke des Luftballons hatte der Wind verweht.

Was tun? Zuerst ging es darum, ihn mithilfe des Hausarztes zu stabilisieren. Er war suizidgefährdet und kam auf Anraten des Arztes regelmäßig zu mir. Jede Sitzung endete damit, dass er unendlich traurig war und mir sagte, dass sein Leben keinen Sinn mehr habe, er wolle nirgends mehr hingehen und sich nur noch verkriechen. In einer unserer letzten entscheidenden Sitzungen erzählte er mir, dass sein Fußballverein Mitgliederversammlung habe und er auf dieser Sitzung bisher noch nie gefehlt habe, aber diesmal wolle er natürlich nicht hingehen, das könne er nicht aushalten, die vielen fröhlichen Menschen, und hinterher sei noch Grillen und Biertrinken angesagt. Er müsse ja doch nur heulen. Nein, das gehe überhaupt nicht. Und trotzdem beschäftigte ihn, dass er bisher immer dagewesen war und nun zum ersten Mal nicht hingehen würde, weil er ein armer, verlassener Ehemann war. »Was denken denn die Anderen über mich, wenn ich da aufkreuze?« Dieser Gedanke nahm ihn in Beschlag und er wurde wieder sehr traurig.

Meine bisherige Beratungsstrategie war von Empathie, Einfühlung und Verständnis geprägt. Menschliches Verhalten, das wusste ich, verändert sich in der Regel durch Unerwartetes, durch etwas, das herausfordert, die Gedanken anregt und eventuell sogar alles auf den Kopf stellt. Und meinem Mund entfloh folgender Satz: »Lieber Herr X, ich kann Sie und Ihre Gefühle gut nachvollziehen. Aber wenn Sie wissen wollen, was ich denke« – was er eben gerade wollte! –, »dann kann ich Ihnen nur sagen (und ich hatte ein Lächeln auf den Lippen): Selbstmitleid macht nicht attraktiv!« Mit einer solchen Intervention hatte er aufgrund meines bisherigen Verhaltens nicht gerechnet. Er war perplex und überrascht. Genau diese Verblüffung sollte erreicht werden. Eine Dezentrierung, das heißt eine Unterbrechung des Gedankenkarussells hatte eingesetzt. »Okay«, meinte er, »ich wollte Ihre Meinung hören, das ist ein harter Satz.« Er verabschiedete sich freundlich. Eine Woche nach unserem Gespräch rief er mich an. »Ich bin so glücklich, ich kann es kaum fassen. Und wissen Sie, was mir geholfen hat, was entscheidend war?« »Ja, was?«, fragte ich. »Ihr Satz: Selbstmitleid macht nicht attraktiv! Das hat gesessen, genauso war das. Ich habe plötzlich verstanden, was in mir vorgeht und wie ich wirke.

Ich habe mich beim Schopf gepackt und bin auf die Mitgliederversammlung gegangen. Und beim gemütlichen Teil saß ich neben der Frau, die ich schon früher attraktiv fand und von der ich erfahren habe, dass sie sich getrennt hat. Sie hat zwei Kinder, einen Jungen und ein Mädchen im Alter meiner Kinder, die kennen sich aus der Schule.« Er erzählte weiter vom Verlauf und den Treffen mit ihr in der letzten Woche. Ein halbes Jahr später sah ich ihn wieder. Bei diesem Gespräch erfuhr ich dann, dass beide vorhätten, zusammenzuziehen und dass er wieder arbeitsfähig und frohgemut sei. Wir verabredeten zur Stabilisierung Termine in größeren Abständen.

Was war passiert? Verhaltensänderungen beim Menschen sind oft schwierig, langfristig und manchmal erfolglos. Kann eine Begegnung so gestaltet werden, dass es einen Menschen wie ein Blitz trifft? Dass ihm ein Licht aufgeht? Ein gestalteter Überraschungseffekt, so zeigt die neurophysiologische Forschung (siehe Seite 30), hilft dem Gehirn auf die Sprünge und lässt es lernen.

Leben gelingt im »Dazwischen«

Menschen heute zu unterstützen, ist vor allem dann möglich, wenn ich viel im Leben gelernt habe, Erfahrungen mit Menschen habe und mache und ihre Wahrnehmung und Sichtweise des Lebens als mögliche Facetten erkennen lerne. Wie Leben gelingt und wann ein Mensch mit seinem Leben zufrieden ist, kann sich sehr unterschiedlich darstellen. Eine Voraussetzung, um einem Anderen ein guter Gesprächspartner zu sein, ist, dass ich etwas vom Leben verstehe. Darum wird es in diesem Teil gehen.

Tugenden waren eine Zeitlang aus der Mode gekommen. Inzwischen erleben sie eine Renaissance. Es geht nicht um christliche Werte, sondern um das, was zum Leben »taugt«. Von diesem Wort leitet sich Tugendbegriff ab.

Was ist das richtige Rüstzeug für ein Leben, das ungewiss und unberechenbar ist und in das der Mensch hineingeworfen wird? Wie kommt man darin sozusagen tugendhaft zurecht? Studienergebnisse amerikanischer Forscher ergaben, dass nicht nur die Gene oder die Lebensweise das Dasein beeinflussen, sondern eine optimistische Lebenseinstellung (Tenzer, 2005, S. 8). Bei einer groß angelegten Studie wurde deutlich, dass ältere Menschen, die von sich sagten, dass ihnen das Leben Spaß macht und sie hoffnungsvoll in die Zukunft schauen, weniger gebrechlich als andere waren. Positive Gefühle, so schlossen die Forscher, können den Gesundheitszustand von Menschen beeinflussen.

Ebenso lenkt der Lebensstil, gemeint ist hier das Engagement für andere, die Lebenszufriedenheit und Gesundheit. Ehrenamtliches Engagement bringt dem Einzelnen lebenswerte Vorteile. Soziale Unterstützung durch andere ist für alte Menschen wichtig. Aber wer länger und besser leben will, der sollte lieber geben als nehmen. Wer als Mensch seine Zeit, seine Kraft und sein Wissen anderen zur Verfügung stellt, kann sein Leben verlängern. Zu diesem Ergebnis kommt die Psychologin Stephanie Brown (Brown et al., 2003) in einer Studie mit 423 zufällig ausgewählten älteren Paaren. Diese interviewte sie erstmals 1987 und ein zweites Mal fünf Jahre später, um festzustellen, wie gut die Paare die unabwendbaren Altersprozesse bewältigten. Vor allem interessierte sich Brown dafür, ob und in welcher Form die Teilnehmenden Freunden, Nachbarn, Verwandten oder anderen Personen Unterstützung zukommen ließen. Dabei ging es um praktische Hilfe wie Arbeiten im Haushalt, Kinderbetreuung etc., aber auch um emotionale Zuwendung wie zum Beispiel anderen zuhören, wenn jemand Probleme hat. Im Zeitraum von 1987 bis 1992 starben 134 der befragten Personen. Brown wollte nun wissen, ob es einen Zusammenhang zwischen erhaltener

Unterstützung, eigener Hilfsbereitschaft und Tod gab. Das überraschende Ergebnis lautete: Von anderen Hilfe und Zuspruch zu bekommen, schützte nicht vor einem frühen Tod. Lebensverlängernd wirkte sich dagegen eigenes soziales Engagement aus. Die Ergebnisse zeigen, dass es nicht darauf ankommt, was Menschen von anderen bekommen. Ausschlaggebend ist, dass Zuwendung gegeben wird. Großzügigkeit und Interesse am Mitmenschen sind offensichtlich allen Anti-Aging-Mitteln überlegen. Menschen, die sich für die Nöte und Probleme ihrer Mitmenschen interessieren und nicht nur Hilfe und Unterstützung von anderen erwarten, haben nicht nur ein erfülltes Leben, sondern leben auch länger. Ein Beispiel aus meiner Arbeit kann das praktisch vor Augen führen:

Die Frau war etwa fünfzig Jahre alt, sehr korpulent und sehr traurig, als sie eine Beratungsstelle aufsuchte. Ihr Beruf, den sie nicht mehr ausübte, war der einer Sozialarbeiterin. Vor kurzem hatte sie ihren schwerstbehinderten Mann verloren, den sie zutiefst geliebt hatte. Er war ihr Lebensmittelpunkt gewesen, zumal sie seine gesamte Pflege alleine übernommen hatte. »Nichts habe ich mehr, gar nichts«, schluchzte sie. Dann erzählte sie mir ausführlich vom Leben mit ihrem Mann und wie erfüllend für sie die Gespräche mit ihm waren. Er war immer gut informiert und sehr belesen gewesen. Ihr Leben ohne ihn sei uninteressant, langweilig und öde. In ihrer Trauer zog sie sich von allen Bekannten zurück. Untröstlich wie sie war, konnte sie sich niemandem zuwenden. Sie wollte sich selbst aber keine Beschäftigung oder ehrenamtliche Tätigkeit suchen, denn »das sei nicht so ihre Sache«. Was tun? Der Sog ihrer negativen Gedankenkraft zog mich mit in den Strudel der Hilf- und Hoffnungslosigkeit. Als sie gegangen war, hing ich dem Bild und den Eindrücken von ihrer Person nach. Was hat sie in mir ausgelöst außer Ausweglosigkeit? In mir formte sich der Satz:

»Sie ist ein guter Kerl.« Das bedeutete: Sie ist hilfsbereit und wird, wenn ein anderer in Not ist, sicher zupacken, um etwas zu verbessern. Die Frage, die sich stellte, war: Wird sie diese Kräfte aktivieren können, und wie könnte ich sie dabei unterstützen? Beim nächsten Mal erzählte ich ihr von einem mir bekannten Verein, der im Bereich der Lebenshilfe für Behinderte tätig war. Natürlich wollte sie nichts davon wissen. Eine helfende Hand war durch Krankheit ausgefallen und die Arbeitsbereiche, die den Transport zu den Werkstätten betrafen, konnten aufgrund organisatorischer Schwierigkeiten nicht mehr gewährleistet werden. Etliche Menschen mit Einschränkungen konnten ihrer Arbeit nicht mehr nachgehen. Ob diese traurige Frau es wohl schaffen würde, über ihren Schatten zu springen und zu helfen? »Sie verraten ihren Mann nicht, wenn sie anderen helfen«, formulierte ich, da ich diesen Gedanken als mögliche Blockade spürte. Sie empörte sich, wie ich wohl auf so einen Gedanken käme. In unserem nächsten Gespräch berichtete sie, dass sie die Fahrdienste zu den Werkstätten machen würde. Überrascht fragte ich, woher sie das wisse. Sie sagte, dass sie sich nach dem letzten Gespräch um die Sache gekümmert habe: »So was darf doch nicht passieren!« Der Satz, den ich ihr mitgegeben hatte, hatte ihr keine Ruhe mehr gelassen. Ihr Gefühl sagte ihr, dass sie ihren Mann verraten würden, wenn sie andere nicht unterstützen würde. Sie hatte sich beim Verein vorgestellt und ihre Hilfe angeboten, was dieser dankbar annahm.

Neben Bewegung, gesunder Ernährung und so weiter haben sich vielseitige geistige und soziale Aktivitäten und religiöser Glaube als wirkungsvolle Lebenshilfen gezeigt. Zwei Drittel unserer Lebensqualität und Lebenserwartung können wir durch unseren persönlichen Lebensstil prägen. Entscheidend ist, ob man sich der Frage stellt, wie man leben und sterben will. Der Mensch braucht Leiden und Krankheit nicht als schicksalhaft ansehen, sondern kann selbstbestimmt Verantwortung übernehmen und sich damit die Voraussetzung für ein langes aktives Leben schaffen.

Damit korreliert die Sichtweise der Logotherapie, die Frankl vertritt. »Also nicht darauf kommt es an, seelenärztlich gesehen: ob einer jung ist oder alt, und wie alt er sein mag; sondern darauf es ankommt, ist vielmehr die Frage, ob seine Zeit und sein Bewusstsein ausgefüllt sind von irgendeinem Gegenstand, an den sich dieser Mensch hingibt, und ob er selbst das Gefühl haben kann, auch trotz seines Alters, nach wie vor, ein wertvolles und lebenswürdiges Dasein zu leben, mit einem Wort, sich auch noch im Alter innerlich zu erfüllen. Und nicht darauf kommt es an: ob die Tätigkeit, die dem mündigen Dasein einen Sinn und Inhalt geben soll, mit Gelderwerb verknüpft ist oder nicht; sondern vom psychologischen Standpunkt ausschlaggebend und entscheidend ist einzig und allein die Frage, ob diese Tätigkeit dem Menschen, und mag er auch noch so bejahrt sein, das Gefühl erweckt, für etwas dazusein – für etwas oder für jemanden« (Frankl, 1975).

Das Leben ist ein Balanceakt auf dem schwankenden Seil des Lebens. Habe ich Halt und werde ich gehalten? Finde ich Sinn, bei jedem Schritt, den ich tue? Wie angesichts der Vergänglichkeit Tugenden des »Dazwischen« entwickelt werden können, zeigen die nächsten Abschnitte.

Zwischen Versöhnung und Verzweiflung

Der Umgang mit sich selbst ist die größte Herausforderung im Leben. Wie gehe ich damit um, was mir genetisch mitgegeben worden ist, an Erfreulichem und an Unangenehmem? Wie gehe ich damit um, was mir das Leben oder das Schicksal in den Weg legt an glücklichen oder verhängnisvollen Zufällen?

Das Lebensthema für jeden Menschen heißt, sich mit den Gegebenheiten des eigenen Lebens zu versöhnen, mit dem, was einem in die Wiege gelegt wurde, und mit dem, was das Leben einem verweigert hat. Positiv formuliert heißt das: mit dem zufrieden sein, was man hat.

Eine circa siebzig Jahre alte unverheiratete Krankenschwester im Ruhestand war schwer an Krebs erkrankt und ihre Tage waren gezählt. Sie, die im Hospiz anfänglich munter und kommunikativ war, verstummte, nachdem es ihr schlechter ging, vollkommen. Weder das Pflegepersonal noch die Besuchenden verstanden den Wandel. Es gab auch keinen medizinischen Grund. Ich besuchte sie regelmäßig, saß am Bett und hielt ihre Hand. »Es ist das Sandkorn, das die Muschel drückt, ihr wehtut. Sie schließt es ein und macht es zur Perle«, sagte ich schließlich und wollte mich verabschieden. Sie hielt meine Hand fest und verriet mir, dass ihr Leben, wie es verlaufen, so nicht von ihr geplant worden war. Sie hatte eine Familie und Kinder haben wollen. Allerdings war sie das einzige Kind einer Kriegswitwe gewesen, die über lange Zeit pflegebedürftig gewesen war. Die Mutter hatte große Erwartungen an die Tochter und hatte ihre gesamte Freizeit in Anspruch genommen. »Damals«, so schilderte sie, »musste ich eine Entscheidung treffen. Entweder meiner Mutter mitteilen, dass ich mein eigenes Leben leben will. Das hätte für sie bedeutet, dass sie in einem Altenheim wohnen müsste. Oder ich hätte auf meine eigenen Pläne verzichten müssen.« Sie entschloss sich zum Verzicht auf ihre Wünsche. »Das war nicht einfach, diese Entscheidung durchzutragen und immer wieder zu bejahen und anzunehmen«, flüsterte sie mir zu. »Und jetzt sind mir Zweifel gekommen – aber Sie haben es für mich gefunden, es ist meine Perle! Ich stehe zu meinem Entschluss von damals. So ist mein Leben heute das einer sterbenden und alleinstehenden Krankenschwester im Ruhestand.« Eine lebenskluge Frau, die sich mit dem Bild vom Sandkorn, das quält und zur Perle wird, identifizieren konnte. Sie lebte noch eine knappe

Woche, die sie nutzte, sich von ihren Bekannten und Freunden, die sie besuchten, zu verabschieden. Leben kommt nicht dadurch zur Vollendung, dass sich Wünsche und Ansprüche, die an das Leben gestellt werden, erfüllen.

Entscheidend für die Lebenszufriedenheit ist, wie ein Mensch mit seinem Schicksal, insbesondere mit Schicksalsgegebenheiten, zum Beispiel Krankheit und Leid, umgeht. Immer wieder treffen wir Menschen, von denen wir sagen, dass das Schicksal ihnen übel mitgespielt hat. Sie aber gehen positiv durch das Leben, denn sie sind sich bewusst, was sie noch haben.

Ein durch einen Autounfall querschnittsgelähmter Mann erzählte mir, dass er Baumkosmetiker war. Er kletterte auf die höchsten Bäume und erhielt sie durch seinen Einsatz. Es war sein Traumjob. Der Unfall veränderte sein Leben. Er war kurz davor, wie er sagte, sein Leben, das für ihn kein Leben mehr war, »wegzuschmeißen«. Er fühlte sich ganz unten angekommen. Ich fragte ihn, was ihm denn geholfen habe, keinen Suizid zu begehen. Sein Freund hatte zu ihm gesagt: »Wenn du mir das antust, gehe ich nicht auf deine Beerdigung!« Da musste er lachen und gleichzeitig wurde ihm bewusst, dass es nicht nur um ihn ging, denn mit einem Suizid würde er alle, die ihn liebten, bestrafen oder ihnen Schmerzen zufügen. Das wollte er nicht! Er schaffte es, sich neu zu orientieren, und seine Lebenslust stellte sich wieder ein. Nun war er begeisterter Rollstuhltänzer. Er war glücklich, dass er noch am Leben war und ihm, so sagte er, ein zweites Leben geschenkt worden war.

Das Geheimnis, mit sich gut im eigenen Leben umzugehen, heißt: sich versöhnen mit dem eigenen Schicksal, sein Leben annehmen, anderen vergeben und bewusst innerhalb des Möglichen im Leben zu entscheiden.

Im Leben wird nicht alles so laufen, wie wir das wollen, und auch Fehler oder Fehlentscheidungen aus der Vergangenheit belasten unser Leben vielleicht auf Dauer. Wir sind gefragt, wie wir damit umgehen wollen. Die Erkenntnis von eigenem Versagen und eventuell unbewältigter Schuld ist bedrückend. Ist es möglich, noch etwas gutzumachen? Oft geht aber genau das nicht. Wir können im Nachhinein nichts mehr zurechtrücken. Was war, ist gewesen. Welche Möglichkeiten bleiben also? Ich kann mich versöhnen mit meinem Leben, wie es gelaufen ist, mit meinen Fehlern und Fehlentscheidungen. Wie geht das? Indem auch im Nachhinein neue Bewertungen vorgenommen werden. Nicht Gelungenes kann mit gütigen Augen angesehen werden. Dazu können wir Menschen ermuntern. »Lass gut sein« sagen wir in der Regel dann, wenn etwas nicht vollständig ausdiskutiert ist, wir aber das Thema so hinnehmen und stehen lassen können. Mit »gut sein lassen« in dem Sinn, wie ich es gebrauche, wird über dieses Verständnis noch hinausgegangen. Die Vergangenheit wird neu bewertet: Es war, wie es war. Anderes war damals nicht möglich, also kann es jetzt so angenommen werden, wie es war. Das eigene Leben anzunehmen, so wie man es nun einmal gelebt hat, ist eine Voraussetzung dafür, dass man auch anderen vergeben kann.

Zwischen Annahme und Auflehnung

Das Leben gut zu leben bedeutet, die Grenzen, die das Leben setzt, anzunehmen, die Endlichkeit des eigenen Lebens zu akzeptieren und abschiedlich zu leben. Die Vergänglichkeit des Daseins betont die Begrenztheit des Lebens. Im Leben die eigene Endlichkeit zu akzeptieren bedeutet, die wichtigste Grenze im Leben anzunehmen.

Man erzählt sich, dass, als der weise Kaiser Suleiman alt geworden war, der Herrscher der bösen Geister zu ihm gekommen sei und gesagt habe: »O Kaiser, hier, nimm diese Zauberschale mit dem Wasser des Lebens. Trinke einen Schluck davon und du wirst die Unsterblichkeit besitzen.«

Doch der alte Kaiser Suleiman war wirklich weise. Er wollte wissen, was andere Menschen darüber denken. So befahl er, die ersten drei, die an seinem Palast vorübergingen, hineinzuführen.

Bald standen ein berühmter Krieger, ein reicher Händler und ein armer Bauer vor ihm. Suleiman fragte den Krieger: »Sag mir, werde ich glücklich sein, wenn ich das Wasser des ewigen Lebens getrunken habe?« Der Krieger antwortete: »Ja, du wirst glücklich sein! Tausend und abertausend Jahre wirst du leben und Zeit haben, das ganze Land zu erobern. Ist es nicht ein großes Glück, viele Völker zu erobern?«

Dann fragte der Kaiser den Händler: »Sag du mir, was du darüber denkst.« Der Händler erwiderte: »Ja, du wirst glücklich sein! Du wirst tausend und abertausend Jahre leben und mit jedem Jahr wird sich dein Reichtum mehren. Und ist es nicht ein großes Glück, zu sehen, wie man immer reicher wird?«

Zuletzt fragte der Kaiser den Bauern. Der Bauer entgegnete: »O Kaiser! Du hast nur die halbe Wahrheit erfahren. Warum du glücklich sein wirst, haben sie dir erklärt, sie verschwiegen dir aber, warum du unglücklich sein wirst. Kaiser, es kommt die Stunde, da stirbt deine geliebte Frau. Du aber lebst und siehst, wie dein Reichtum sich mehrt. Deine Kinder werden sterben. Du aber lebst und freust dich deiner Macht. Deine Enkel werden zu Grabe getragen, du aber lebst und zählst deine Schätze. Eines Tages blickst du dich um und es gibt niemanden mehr, der dich und deine Zeit versteht, der dir nahe steht. Das ist es, was dich erwartet, weiser Herr. Und nun trinke und erwirb dir Unsterblichkeit!« »Um nichts in der Welt will ich so leben«, rief der Kaiser, nahm die Schale mit dem Wasser des Lebens und zerschmetterte sie.

Die Begrenzung des Lebens kann als bedrohend oder bereichernd erlebt werden. Die Annahme dieser Grenze macht deutlich, dass das Leben einmalig ist. Der verantwortliche Umgang mit dem Leben steigt, ebenso wie die Dankbarkeit für jeden Augenblick. Gerade das Annehmen der zeitlichen Begrenztheit gibt dem Alter sein spezifisches Lebensgefühl und seine Möglichkeiten.

Die Begrenzung menschlichen Lebens kann sich vielfältig zeigen, zum Beispiel in körperlichen Einschränkungen. Aber damit wird die Möglichkeit der geistigen Entgrenzung nicht genommen. Die Grenzen und Einschränkungen bestimmen nicht nur das Leben, sie bereichern es. Die Möglichkeiten, die eigenen Grenzen zu überschreiten, sind gegeben, unter anderem durch das Annehmen der Grenze Tod und das Suchen nach geistiger Entgrenzung im Gebet.

Das Leben selbst ist gewissermaßen der Platz, auf dem man in höchster Verantwortung durch Verwirklichung von Werten, insbesondere von Einstellungswerten, wie Frankl diese Haltungen nennt, Sinn und Zufriedenheit im Leben erfährt. Das Leben hält zu jeder Zeit Sinnmöglichkeiten für einen jeden Menschen bereit und ist damit unendlich wertvoll. Ausgehend von den drei Frankl'schen Wertkategorien ist Sinn in allen Lebenslagen zu entdecken. Frankl (1946) unterscheidet schöpferische Werte, Erlebnis- und Einstellungswerte. Menschen können sich durch schöpferisches Tun verwirklichen. Sie können, wenn sie durch Krankheit körperlich geschwächt sind, im Erleben von Kunst und Musik ein sinnvolles Leben erfahren. Schließlich können sie auch aufgrund ihrer Haltung zum Leben diesem Sinn abgewinnen, wenn es ihnen zum Beispiel gelingt, unabänderliches Leiden zu ertragen.

Letzteres bedeutet die höchste Anforderung, die das Leben an einen Menschen stellt. Ist er nicht mehr in der Lage, die erstgenannten Werte zu verwirklichen, kommt es entscheidend darauf an, »wie« er sein Leben lebt. Die Aufgabe, einen Weg zu finden und mit unveränderlichem Leid umzugehen, kann zur größten Sinnverwirklichungsmöglichkeit im Leben werden. Gleichsam ist es die größte Fähigkeit des Menschen, ein durch Leiden gekennzeichnetes Leben zu ertragen und die Verwirklichung von Einstellungswerten zu leben. Sie sind entsprechend die höchsten Werte, zeigt sich in ihnen doch, wie mit Unabänderlichkeiten, mit Leiden etc. umgegangen werden kann.

Für mich unvergessen ist die MS-kranke Frau, die ich im Pflegeheim über mehrere Monate hinweg besuchte. Sie war Mitte vierzig und es ging ihr körperlich rapide schlechter. Sie konnte nicht mehr selbstständig essen und das Sprechen wurde immer mühsamer, aber sie lag in ihrem Pflegebett mit glänzenden Augen. Ich fragte sie, wie sie es schaffte, auf eine solch bewundernswerte Weise zufrieden mit dieser Krankheit zum Tode umzugehen? Sie lächelte mich an und gab mir zu verstehen, dass sie Fürbitte für die Welt hielt und dass sie das für die wichtigste Aufgabe überhaupt erachtete, die ein Mensch haben könnte. Genau dieses Tun und dieses Wissen gaben ihr die Kraft, mit dieser Krankheit im Endstadium umzugehen.

Sie war und bleibt für mich der lebendige Beweis der Frankl'schen Werteverwirklichung. Von außen betrachtet schien sie nichts mehr leisten zu können, sie selbst aber verwirklichte sich in der Fürbitte für die Welt.

Zwischen Weisheit und Besserwisserei
Neben der Schwäche sind es Weisheit und Erfahrung, die das Alter prägen. Die Weisheit, von der die Rede ist, meint die positiv verarbeitete Lebenserfahrung, die Einbußen wie zum Beispiel Kraftlosigkeit und Leid und die durch ein langes Leben erprobte Beziehung zu Gott kennt. Dass alte Menschen Erfahrung und Weisheit besitzen, wird ihnen durch die jüngere Generation

zugebilligt. Die Älteren zeichnen sich durch Lebenserfahrung, Reife und Verständnis aus. Im Alter weise zu sein ist ein Ergebnis der Gottesbeziehung, der Gottesfurcht.

Die Bibel spricht von der Tugend der Weisheit. Sie hat mit Gott zu tun. Er schenkt sie Menschen, die nach seinen Worten leben. Wenn ich die Erfahrungen, die ich in meinem Leben mache, verarbeite, erlange ich mit Sicherheit ein gewisses Maß an Weisheit. Weisheit meint aber auch, wie ich mit meiner Erfahrung umgehe. Manchmal zeichnet sich Weisheit dadurch aus, dass ich sie gerade nicht herauslasse, um einem Anderen die Möglichkeit zu geben, seine eigenen Erfahrungen zu machen. Um mit meiner Erfahrung gut umzugehen, ist es nötig, mir bewusst zu sein, dass, wenn ich sie anderen immer vorenthalte, es eine Form der Verweigerung von Verantwortung für die Zukunft ist. Gleichzeitig kann der große Erfahrungsschatz eines Menschen zu einer Plage für die jüngeren Mitmenschen werden. Bei den anderen kommt dann Besserwisserei an und es besteht die Gefahr, nicht mehr gehört zu werden. In einprägender Weise hat das Theresa von Avila in ihren Lebensempfehlungen für das Alter formuliert:

»O Herr, Du weißt besser als ich, dass ich von Tag zu Tag älter und eines Tages alt sein werde!

Bewahre mich vor der Einbildung, bei jeder Gelegenheit zu jedem Thema etwas sagen zu müssen! Erlöse mich von der großen Leidenschaft, die Angelegenheiten anderer ordnen zu wollen! Lehre mich nachdenklich (aber nicht grüblerisch), hilfreich (aber nicht diktatorisch) zu sein!

Bei meiner ungeheuren Ansammlung von Weisheit scheint es mir ja schade, sie nicht weiterzugeben – aber Du verstehst, o Herr, dass ich mir ein paar Freunde erhalten möchte.

Bewahre mich vor der Aufzählung endloser Einzelheiten und verleihe mir Schwingen, zur Pointe zu gelangen! Lehre mich schweigen über meine Krankheiten und Beschwerden. Sie nehmen zu und die Lust, sie zu beschreiben, wächst von Jahr zu Jahr. Ich wage nicht, die Gabe zu erflehen, mir Krankheitsschilderungen anderer mit Freude anzuhören – aber lehre mich, sie geduldig zu ertragen.

Lehre mich die wunderbare Weisheit, dass ich mich irren kann. Erhalte mich so liebenswert wie möglich. Ich möchte keine Heilige sein, mit ihnen lebt es sich so schwer, aber ein alter Griesgram ist das Krönungswerk des Teufels! Lehre mich, an anderen Menschen unerwartete Talente zu entdecken, und verleihe mir, o Herr, die schöne Gabe, sie auch zu erwähnen.«
(Theresa von Avila, 1515–1582)

Zwischen Gelassenheit und Gleichgültigkeit

In Leid dem eigenen Leben gegenüberzutreten erfordert Mut. Ich kann das Leben in Gelassenheit annehmen, hinnehmen, was es gibt, und daraus trotz allem etwas machen zum eigenen und zum Wohl der Anderen. Das gelingt mir dann, wenn ich von meiner Leidenschaft, festzuhalten, Abstand nehmen kann und wenn ich vermeide, aus Gelassenheit Gleichgültigkeit werden zu lassen. Es gleicht einem Drahtseilakt. Es ist eine schwierige Aufgabe, das Gleichgewicht auf dem Seil zu halten. Es erfordert Mut, Selbstüberwindung und dauernde Übung. Auf jeder Seite lauert der Abgrund. Gelassenheit gelingt mir nur, wenn ich der Gefahr des Festhaltens und der Gleichgültigkeit nicht erliege.

Es ist ganz gut eingerichtet, dass wir Menschen sozusagen täglich und andauernd, ob wir wollen oder nicht, loslassen müssen. Ich orientiere mich dabei an unserem Körper. Wir sind auf das Atmen angewiesen, der Atem ist unsere Existenzgrundlage. Aber genauso existenziell wichtig ist es, den Atem wieder loszulassen und auszuatmen. Wir atmen ein und aus. Wir sterben, wenn wir nur Sauerstoff aufnehmen und das Ausatmen vergessen. Ausatmen ist die Loslass-Übung überhaupt. Wir atmen so viel Sauerstoff ein, dass es einen Augenblick zum Leben reicht. Dann atmen wir aus und lassen dieses Stück Leben los, um neu zu beginnen. Bewusstes Atmen ist eine erste Meditationsübung. Der Atem wird dabei bewusst wahrgenommen. Ihm wird nachgespürt, wie er durch den Körper fließt und ihn belebt. Ebenso bewusst wird diese Lebenskraft losgelassen und ausgeatmet.

Eine Beziehung zu Gott ist hilfreich, um gelassen leben zu können. Der Glaube an ihn hilft mir, anzunehmen, dass mein Leben sinnvoll ist, auch wenn ich den großen Zusammenhang nicht erkenne.

Eine Frau erinnerte sich an früher und erzählte mir, was ihr half, ihr Leben, das sie als ein Sammelsurium von Bruchstücken empfand, zu akzeptieren. »Wenn ich früher mit meiner kleinen Tochter die Teile unseres Puzzles richtig zusammenlegte, entstand das Bild von Jim Knopf und Lukas, dem Lokomotivführer, vor uns. Auf dem Bild war zu erkennen, wie sie vor dem Palast des Kaisers von China aßen. Ping-Pong bewirtete sie mit allerhand Speisen. Sechzig Puzzleteile konnte meine Tochter damals fast allein zusammensetzen. Nachdem wir das Bild lange genug betrachtet hatten, beschlossen wir, uns von ihm wieder zu trennen. Am Ende des Spiels wurde das Bild also wieder zerstört. Das war die schwerste Aufgabe. Die Teile wurden auseinandergezogen und wieder in die Schachtel gelegt. Das Bild war verschwunden und es waren nur noch viele bunte und unzusammenhängende Teile da. Wenn wir beide in die Schachtel schauten, erschien es uns jedes Mal undenkbar, dass daraus ein so schönes, ganzes Bild entstehen konnte.«

»Mein Leben erscheint mir oft so wie dieses Puzzle«, erläuterte sie. »Es besteht aus vielen, oft unzusammenhängenden, unterschiedlichen Augenblicken. Da gibt es schöne bunte Zeiten und viele eckige und schwierige Erlebnisse. Manchmal scheint alles gut zu sein, was ich erlebe; ein anderes Mal ist vieles unverständlich und problematisch in meinem Leben – da passt dann gar nichts mehr zusammen! Wenn ich die durcheinandergewürfelten Teile des Puzzles anschaue, tröstet mich der Gedanke, welch schönes Bild aus diesen Schnipseln werden kann, wenn ich sie richtig zusammenlege, und ich hoffe, dass mein Leben vor Gott ein schönes, ganzes Bild sein wird.«

Gelassenheit bedeutet, auch anderen gegenüber tolerant zu sein. Durch Gelassenheit kann ich Meinungen und Lebensstile zulassen, auch wenn sie mir widerstreben, denn ich muss sie nicht verurteilen. Meine Perspektive ist eine andere geworden. Ich kann aus einer Außenperspektive auf mich selbst und die anderen schauen. Vielleicht gewinne ich ein wenig Überblick und muss nicht kleinlich reagieren. Wenn ich es schaffe, mein Leben aus einer gewissen Distanz zu betrachten, relativiert sich vieles.

Loslassen bedeutet auch, sich von Materiellem trennen zu können – bis hin zur Bedürfnislosigkeit. Vielleicht kann sich das Haben-Wollen, das der eigenen Vergewisserung diente, in ein Geben-Wollen verwandeln, und möglichst viel vom Leben zu haben und zu einem zufriedenen Dasein mit dem zu führen, was einem gegeben wurde.

Zwischen Liebesfähigkeit und Hartherzigkeit

Eine weitere anzustrebende Tugend ist die Liebesfähigkeit. Die Erfahrungen in meinem Leben haben mich dann reicher gemacht, wenn mein Herz größer geworden ist und ich die anderen, ihre Fehler und ihr Versagen mit liebenden Augen, jedoch nicht beschönigend, betrachten konnte. Meine Liebe ist wie ein viel zu großer Mantel, der alles einhüllen kann, was mich bei anderen an quälenden Kleinigkeiten stört. Ein Mensch lebt sein Leben. Das ist so, das ist gut so und das soll auch so sein. Trotzdem, oder gerade deshalb, kann ich sehen, wo ich gebraucht werde, wo ich helfen kann und wo Zuhören oder nur Da-Sein gefragt ist. Starre Rechthaberei und ein Beharren auf die Einsichten, die man so mühsam gewonnen hat, werden andere hingegen vertreiben.

Starrsinn und Rechthaberei können uns Menschen im Griff haben. Wir wollen uns durchsetzen und das um jeden Preis. Was bringt es? Einsamkeit. Wir brauchen nicht mehr alles zu wissen bzw. alles am besten zu wissen und müssen unsere Meinung nicht mehr durchsetzen. Das gibt ein Stück Freiraum, freien Raum, in den unsere Liebesfähigkeit einziehen kann.

Wollen wir unseren Egoismus und unsere Bedachtsamkeit auf uns im Alter auf die Spitze treiben oder gibt es andere Wege? Können wir ablassen von unserem Narzissmus, der uns das Leben nimmt, weil wir im eigenen Spiegelbild versinken? Vielleicht können wir die Eigenliebe in eine allumfassende Liebe verwandeln?

Wir haben viele Möglichkeiten, uns verändernd dem Leben zu stellen, zum Beispiel durch den Dank für alles, was gewesen ist, und das Staunen über jeden neuen Tag.

Teil 3

Wie finde ich die richtigen Sätze zur richtigen Zeit?

Geistesgegenwart
Wie kann man sich darauf einstellen, dass man in jedem Augenblick intensiv und ganz gefordert wird? Mutterwitz und Schlagfertigkeit allein reichen nicht aus. Das Wort, der Satz für den Anderen, soll ihn persönlich meinen und sein Herz berühren. Die Wüstenmönche hatten Seelenführer und lernten sich in der Einsamkeit sehr gut kennen. Mit sich selbst und mit Gott im Reinen zu sein, war eines ihrer Ziele. Sie nahmen dafür asketische Übungen in Kauf, die viel von ihnen verlangten. Wenn ihre Seelenpflege für Beratende von heute als Vorbild fungiert, dann bedeutet das, dass es eine der wichtigsten Aufgaben ist, für das eigene Seelenleben zu sorgen, indem man Frieden mit sich selbst und anderen hält, eine besondere Art der Verbundenheit zu allem, zur gesamten Schöpfung fühlt und die Fähigkeit entwickelt, die Frankl mit »beim Anderen sein« bezeichnet hat (Frankl, 1984).

Diese geschilderte Form des Daseins in der Welt entspricht der sechsten Stufe der ethischen und religiösen Entwicklung nach Fowler (1991). Universalisierender Glaube zeigt sich darin, dass Menschen nicht selbstbezogen leben, sondern das Ganze im Blick haben und bereit sind, dafür auf eigene Vorteile zu verzichten. Sie folgen dem Imperativ der absoluten Liebe und Gerechtigkeit, ohne Rücksicht auf sich selbst. Diese Haltung verleiht ihren Handlungen und Worten eine außergewöhnliche Ausstrahlung. Indem sie das Besessensein von Sicherheits-, Überlebens- und Geltungsvorkehrungen durchstoßen, stellen sie traditionelle Standards und Lebensgewohnheiten infrage. Sie benötigen als Halt keine Dogmen und Glaubensbekenntnisse. Sie leben aus der Verbundenheit mit dem Universum, weil sie von der Vision einer umfassenden Liebe, einer nicht mehr verrechenbaren Gerechtigkeit und einem grenzenlosen Vertrauen in den Sinn des Seins getragen werden. Dabei werden alle weltlichen Strukturen zweitrangig. Durchdrungen von der Tiefe ihrer »Seinsnähe« sehen Menschen dieser Stufe in jedem anderen ihren Mitmenschen.

Mit dieser Haltung versehen wird der Beratende das Wohlergehen aller Menschen ständig im Blick haben. Er ist präsent, innerlich »leer« und alle Sinne sind auf Empfang gestellt. Geistesgegenwärtig und achtsam, mit geschulter Wahrnehmung ausgestattet, gewinnt das Geschehen zwischen zwei Menschen Raum und dem Dritten, dem Geist, dem Mehrwert, wird Platz eingeräumt. Es darf etwas geschehen, das nicht in allem steuerbar ist. Die Verantwortung, das heißt, was aus dem Kontakt entsteht oder daraus folgt, bleibt beim Anderen und befindet sich damit außerhalb jeder Machbarkeit (siehe Seite 29 f.).

Sich selbst zu entwickeln bedeutet, sich zu verändern und reagierend fortzubewegen. Selbstentfaltung betont, dass vieles auch aufblüht, ohne dass Wachstum produziert wird, denn nicht alles ist machbar. Manche persönlichen Gaben brauchen Zeit und Geduld, um sich zu zeigen und zu entfalten.

Auftragsklärung

In einer Geschichte, die von Sufis (das ist ein Sammelbegriff für Strömungen im islamischen Kulturkreis, die asketische und spirituelle Orientierung aufweisen) überliefert worden ist, wird vom Suchen und Finden berichtet.

Ein Polizist machte eines Nachts seine letzte Runde durchs Dorf, als er auf Nasruddin stieß, der vor einer Straßenlaterne vor seinem Haus kniete und den Boden absuchte. Offensichtlich war er wohl nicht mehr ganz nüchtern. »Was tust du denn hier so spät in der Nacht?«, fragte der Polizist. »Ach, ich habe meinen Hausschlüssel verloren und komme nicht in mein Haus«, antwortete Nasruddin. Der Polizist kniete sich zu ihm auf den Boden und half ihm beim Suchen. Sie konnten aber nichts finden. Nach einer Weile fragte der Polizist: »Bist du denn ganz sicher, dass du den Schlüssel hier unter der Laterne verloren hast?« »Nein, gar nicht. Eigentlich habe ich ihn dort hinten irgendwo unter den Büschen verloren, aber da es ist mir viel zu dunkel und zu unbequem, um zu suchen«, antwortete Nasruddin (Schwebach, 2011).

Die Erzählung ist in mehrfacher Hinsicht aufschlussreich. Wenn man etwas finden will, muss man an der Stelle suchen, wo es sein könnte. Interessant ist, dass das, was gefunden werden soll, im Dunkeln verborgen und unbequem zu erreichen ist. Für Menschen, die für sich Antworten suchen, weil sie mit Leid und Tod konfrontiert sind, heißt das, dass sie den Willen aufbringen müssen, in sich selbst und vielleicht an Stellen, an die man nicht rühren will und die in persönlich unzugänglichen inneren Gebieten liegen, nachzuschauen, ob der »Schlüssel« gefunden werden kann.

Kurzzeitberatung zeichnet sich durch die Überlegung aus, dass das Gegenüber am besten weiß, was es braucht, und dass hilfreiche Perspektiven angeboten, aber nicht aufgedrängt werden. Der Andere wird als mündig und selbstverantwortlich ernst genommen. Jesus heilt sozusagen nicht aufs Geratewohl los, sondern fragt, was der will, der zu ihm kommt oder zu ihm gebracht wird. Den Blinden, der um seine Hilfe anhält, fragt er: »Was willst du, dass ich für dich tun soll?« (Mk 10, 51). Obwohl es so offensichtlich erscheint, was ein Blinder von Jesus will, nimmt Jesus seinem Gegenüber nicht die Verantwortung für sein Leben ab, sondern ermittelt, was der Wille des Anderen ist. Auch wird derjenige, für den Jesus gesorgt hat, wieder in seinen Kontext, seine Gemeinschaft entlassen. Das, was geschehen ist, hat sich im Umfeld des Geheilten zu bewähren. Was will der Mensch, dem ich begegne und der in mir etwas erkennt? Das ist die Frage, die zu stellen ist.

Die Wüstenmönche, deren Aufenthaltsorte oft unbekannt waren, mussten von den Menschen, die etwas von ihnen wollten, gesucht und dann aufgesucht werden. Es war eine Aufgabe und Herausforderung, sich zu ihnen auf den Weg zu machen. Kam ein Kontakt zustande, war es die Aufgabe des Ratsuchenden, eine Frage an den Eremiten zu richten. Denn diese wollten nicht plappern oder, wie heute gesagt wird, Smalltalk machen, sondern die Ernsthaftigkeit des Anliegens musste deutlich werden. Heute wird in diesem Zusammenhang im Bereich der Beratungs- und Begleitungsarbeit von Auftragsklärung gesprochen: Was will derjenige, der kommt, für sich erreichen? Welches sind seine Ziele? Explizite Auftragsklärung wird es bei der Form der situativ bedingten Kompaktberatung nicht in ausführlicher Form geben. Das ist durch das beschriebene Setting nicht möglich. Der Auftrag erfolgt, weil ein Suchender in diesem Augenblick den Anderen als den Richtigen für seine Art der Lösungssuche ansieht. In diesem Vertrauensvorschuss, der ein spontanes Aufblitzen von »Das kann gehen« oder »Da ist Potenzial drin« aufkeimen lässt, liegt der Zünder für das Öffnen des dritten Raums, für das Geschehen-Lassen von Heilsamem.

Antennen auf Empfang

Wie Wahrnehmung funktioniert

Die Antennen auf Empfang zu stellen, heißt, die eigene Wahrnehmung zu schulen und sich um die persönliche Entwicklung zu kümmern. Um dies in Angriff zu nehmen, ist es lohnenswert, zu wissen, wie Wahrnehmung funktioniert.

Drei Ebenen der Wahrnehmung, die körperliche, emotionale und mentale, können unterschieden werden. Wobei die emotionale und die mentale, bildlich gesprochen, wie Fenster und Türen den Weg zu einer körperlichen Erfahrung öffnen. Auch wenn diese drei Ebenen unmittelbar miteinander verbunden sind und ein Ganzes bilden, gilt es, Unterschiede der jeweiligen Wahrnehmungs- und Ausdrucksebenen erkennen zu lernen. Folgende Fragestellungen lenken die Wahrnehmung: Was ist auf der körperlichen, emotionalen und mentalen Ebene spürbar? Wie drückt sich das Gespürte aus? Wie korrespondieren die drei Ebenen miteinander? Welche Ebenen korrespondieren und räsonieren nicht, sind scheinbar verschlossen oder blockiert? Wo und wie zeigt sich ein widersprüchlicher, inkongruenter Ausdruck? Das sind Fragen, die den kreativen Prozess der Wahrnehmung und des Ausdrucks vorbereiten. Dieses Ermitteln verfolgt das Ziel, durch Differenzierung das Wahrnehmungsbewusstsein zu erhöhen und das Spektrum der Ausdruckskapazität des Körpers zu erweitern, um zu einem zunehmend kongruenten Ausdruck zu gelangen. Denn je lebendiger das Zusammenspiel der drei Ebenen ist, desto mehr steht der Mensch im Einklang mit sich selbst.

Körperliche Ebene

Wie nehmen wir die Position des Körpers im Raum wahr? Woher weiß man, wo die Arme und Beine im Raum sind, wie die Neigung des Kopfes ist, wie die Krümmung der Wirbelsäule? Überall im Körper gibt es sensorische Nerven mit speziellen Rezeptoren, die die Muskelspannung, den Zug an Sehnen, den Druck auf Gelenke und die Kopfhaltung in Beziehung zur Schwerkraft wahrnehmen. Diese Nerven nennt man Propriozeptoren (wörtlich: Selbstwahrnehmer). Sie ermöglichen die kinästhetische

Wahrnehmung. Propriozeptoren sind unerlässlich für die Koordination von Bewegungen und liefern ständig Informationen an das Zentralnervensystem zur Interpretation und Reaktion. Um in eine Empfindung übersetzt zu werden, müssen die Rezeptoren einen Stimulus der äußeren Umwelt in einen Nervenimpuls umwandeln, der an die entsprechende Stelle des Rückenmarks oder des Gehirns geleitet werden kann. Die körperliche Ebene der Wahrnehmung umfasst zwei Dimensionen: Zum einen den sensorischen, exterozeptiven Kontakt nach außen über die Fern- und Nahsinne (Sehen, Riechen, Hören, Tasten und Schmecken) und die nach innen gerichtete, propriozeptive Tiefenwahrnehmung des Körpers im Erspüren von Körperwärme, Atmung, Puls und Herzschlag; zum anderen die Wahrnehmung des kinästhetischen Sinns im Erfassen der Position des Körpers und seiner Bewegungsrichtung im Raum. Die differenzierte Erkundung der eigenen Befindlichkeit in einem Raum oder in sich selbst führt uns als ersten Schritt dazu, dass wir uns in unseren Körper begeben und es uns darin heimisch machen. Dies erreichen wir mithilfe unserer Sinne. Es gilt, sprachlich zu unterscheiden zwischen Spüren, Empfinden und Fühlen. Auf die körperliche Wahrnehmung beziehen sich das Spüren und Empfinden, beim Fühlen liegt die Aufmerksamkeit auf der Ebene der Emotionen.

Eine praktische Übung ist der »Bodyscan«, der gedankliche Weg durch den Körper. Nach einer Entspannungsphase wird der Körper gedanklich durchwandert. Bei den Zehen wird angefangen. Dann geht es über alle Teile zu den Fingern und zur Stirn; Brust und Bauch werden auch nicht vergessen. In und an jedem Körperglied wird Halt gemacht und es wird zum Beispiel in den linken Zeh hineingehorcht: Was ist da los? Wie fühlt er sich an? Die Empfindungen werden gespürt, nicht bewertet, sondern stehengelassen und wenn man genug im Zeh war, wird die Reise fortgesetzt. Dieses »Manöver« ermöglicht es, den Köper kennenzulernen, und schult alle Sinne.

Emotionale Ebene

Emotionen sind Gemütsbewegungen. Sie bewegen den Menschen. Der Begriff kommt vom lateinischen »emovere«, das heißt »herausbewegen«. Emotionen motivieren und integrieren den Körper und stellen einen Teil unserer täglichen Körperfunktionen dar, die oft als Reaktionen »aus dem Bauch« bezeichnet werden. Das limbische System des Gehirns hat mit den emotionalen Aspekten des Verhaltens zu tun, die auf das Überleben bezogen sind, beispielsweise mit Vergnügen, Schmerz, Ärger, Wut, Trauer, Passivität, Aggression und sexuellen Gefühlen. In unserem Erleben fühlen wir solche Signale, zum Beispiel Hitzewellen oder schwitzende Hände, Muskelanspannungen oder kalte Füße. Unausgedrückte Gefühle werden im Körper festgehalten. Jeder hat Stellen im Körper, an denen emotionale Spannungen gehalten werden. Die Schultern, der Magen, das Kreuz und der Kiefer sind häufige Bereiche. Wenn der Körper bewegt wird, können festgehaltene Emotionen losgelassen und der Geist für neue Möglichkeiten geöffnet werden. Beim Ausdruck von Gefühlen kann das Lösen von Spannungen initiiert und damit das Potenzial für Gesundheit und Bewegung erweitert werden.

Wenn nun die emotionale Ebene genau betrachtet wird, so wird sichtbar, dass sie von einem komplexen Zusammenspiel körperlich-motorischer und mentaler Reaktionsmuster bestimmt wird. Jede einzelne Emotion, sei es Angst, Schmerz oder Freude, ist an einem charakteristischen Ausdrucksprofil erkennbar, das sich in Mimik, Gestik, Haltung und Stimme mitteilt. Umgekehrt lösen der Klang einer Stimme und ein möglicher Gesichtsausdruck Emotionen aus. So, wie es ein nach innen wirkendes Zusammenspiel von Ausdruck und emotionalem Erleben gibt, wirkt sich dieses auch auf das Beziehungsgefüge und somit auf die Kommunikation mit der Umwelt aus. Sich selbst, seine Gemütsbewegungen, Emotionen und Affekte bewusster zu erleben und wahrzunehmen, ist durch kreative

Mittel möglich, etwa durch Malen, Singen, Tanzen und kreatives Schreiben. Die jeweilig angesprochenen Sinne werden durch die verschiedenen Ausdrucksmedien aktiviert und differenziert. Emotionen werden im Malen in Farben, Formen und Symbolen sichtbar, im Klang der Stimme und in Worten hörbar, in der eigenen Bewegung spürbar. Es eröffnen sich Wahrnehmungskanäle, die dabei helfen, ein erweitertes Spektrum emotionalen Erlebens im Raum zu erfassen und zu begreifen.

Aus dem Bereich des kreativen Schreibens leitet folgende Übung zur verstärkten Selbstwahrnehmung an. Ein Tagebuch wird angelegt, in dem zum Beispiel über den Zeitraum von einer Woche angenehme und unangenehme Erlebnisse festgehalten werden.

› So kann's gehen:

Tagebuch der angenehmen Erlebnisse (nach Heimes, 2014, S. 110)

	Welche angenehmen Erfahrungen gab es?	Waren Sie sich dieser bewusst?	Welche körperlichen Empfindungen hatten Sie?	Welche Gedanken und Gefühle hatten Sie dazu?	Welche Gedanken und Gefühle haben Sie jetzt?
Sonntag					
Montag					
Dienstag					
Mittwoch					
Donnerstag					
Freitag					
Samstag					

Tagebuch der unangenehmen Erlebnisse

	Welche unangenehmen Erfahrungen gab es?	Waren Sie sich dieser bewusst?	Welche körperlichen Empfindungen hatten Sie?	Welche Gedanken und Gefühle hatten Sie dazu?	Welche Gedanken und Gefühle haben Sie jetzt?
Sonntag					
Montag					
Dienstag					
Mittwoch					
Donnerstag					
Freitag					
Samstag					

Wenn wir tief in uns hineinhorchen und reflektieren, wie Ereignisse auf uns wirken, werden wir sensible Gefühle dafür entwickeln, wie es einem anderen Menschen geht, was er braucht und wie wir den richtigen Satz finden, der ihm das gibt, was er braucht.

Mentale Ebene

Die mentale Ebene der Wahrnehmung umfasst nicht nur die geistig-kognitiven Fähigkeiten des Denkens, Planens, Reflektierens und Analysierens, sondern auch die Fähigkeit zur Imagination, zum Träumen und zum Assoziieren. Nach heutigem Kenntnisstand nehmen Wissenschaftler an, dass daran zwei Teile des Gehirns beteiligt sind: das kognitiv-bewusste, der Außenwelt zugewandte »neue« Gehirn (Neocortex) und das phylogenetisch alte, unbewusst-emotionale, in der Mitte des Gehirns sich befindende limbische System, das für die Regulierung des psychischen und körperlichen Wohlbefindens zuständig ist. Assoziative Bereiche des Gehirns sind mit dem limbischen System verbunden. Diese Bereiche speichern sensorische Eindrücke als innere Bilder. Der bewusste Lebensvollzug gibt diesen inneren Bildern Raum, sich zu zeigen, denn – so erklärt heute die Neurobiologie Ursprung und Bedeutung innerer Bilder: Wer Augen hat zum Sehen, Ohren zum Hören, eine Nase zum Riechen, Haut zum Fühlen, für den wird die Welt voller Wahrnehmung, Erfahrung und damit voller Bilder sein. Die Verarbeitung der Sinneseindrücke wird vom Gehirn erledigt. Es muss möglichst offen sein für alles, was über das Empfundene in den sensorischen Arealen der Hirnrinde ankommt. Diese aktuellen, neurobiologisch gestützten Erkenntnisse decken sich mit gestalttherapeutischen Erkenntnissen, die beinhalten, dass durch das Sehen, Hören und Fühlen ein Wissen erlangt wird, von dem wir die Informationen über uns selbst und unser Verhältnis zum Leben bekommen. Sich in Schwingung zu bringen, zum Beispiel durch Bewegung und Tanz, entfaltet unsere transformativen Potenziale und öffnet uns gegenüber der Dimension, die die spirituelle Ebene der Wahrnehmung ist. Dies erfolgt durch das lebendige Zusammenspiel der drei Wahrnehmungsebenen.

Die spirituelle Ebene der Wahrnehmung umfasst die Suche nach Lebenssinn und nach Verbundenheit zur Natur sowie zu den Menschen untereinander. Es handelt sich um Erfahrungsräume, die sprachlich nicht erfassbar sind, jedoch im Ausdruck des Tanzes, der bildenden Kunst, der Musik und der Poesie ihre Sprache finden. Für Julia Cameron zum Beispiel ist »Kreativität eine göttliche Energie, die durch uns hindurchfließt und von uns gestaltet wird wie Licht, das sich in einem Prisma bricht. Wenn wir uns darüber im Klaren sind, wer wir sind und was wir tun, dann fließt die Energie frei, und wir erleben keinerlei Anstrengung« (Cameron, 2000, S. 281). Wie aber lässt sich die spirituelle Ebene erschließen, die offenbar jenseits der Sinne und der Vernunft liegt? Unmittelbar körperliche Erfahrungen können Ausgangspunkt einer Reise in unbekannte Erfahrungsräume sein. Der Tanzende einer Gruppe zum Beispiel ist Teil eines sich bewegenden Organismus. Die Basis, von der aus ein In-die-Welt-Gehen und Zu-sich-Zurückkehren möglich sind, bildet einen Kontakt zum eigenen Körper. Je mehr sich körperlich-subjektive Spürfähigkeit ausbildet, desto kontakt- und resonanzfähiger ist das Ich gegenüber dem Du und dem Wir einer Gruppe oder größeren Gemeinschaft. Je konzentrierter die nach innen, auf den eigenen Körper gerichtete Sensibilität ist, desto größer ist die Einfühlungsfähigkeit in den Anderen. Zugleich lernt der Einzelne, der nach außen gerichteten Wahrnehmung in der Begegnung mit dem Anderen einen inneren Ort der Erfahrung und Bewertung gegenüberzustellen. Gegenüber der kreativen Vielfalt individueller Ausdrucksformen erwächst Identität und schließlich Akzeptanz aus dieser wahrnehmenden Gegenüberstellung von innen nach außen, von Ich, Du und Wir.

Mit der Entdeckung zwischenmenschlicher Räume, mit wachsender sozialer Kompetenz, öffnet sich das Individuum gegenüber der Gemeinschaft Tanzender. Zwischenmenschliche Verbindungen zu spüren, ihre körperlichen Resonanzen in den Bewegungsausdruck einfließen zu lassen, um aus dem Kontakt zum Anderen und zur Gruppe wieder zum individuellen Ausdruck zurückzufinden, ist ein Grundprinzip des Miteinanders. Denn die individuell erlebte Bewegung stellt das Gefäß dar, in dem, symbolisch gesprochen, das körperliche Erfassen der Welt seinen inneren Ort findet.

Intuition

Den richtigen Satz zur richtigen Zeit zu finden, bedeutet nicht nur, einen kühlen Kopf zu haben, sondern auch ein Gefühl für Situationen zu haben. Eine korrekte Entscheidung zu treffen, ist in der Regel hauptsächlich eine Frage der Intuition. Sie ist kein Anhängsel, wie das Bauchgefühl manchmal gesehen wird, oder eine mythische Kraft. Sie beschreibt einen inneren Prozess, der nicht unabhängig von der rationalen Analyse vonstatten geht.

Ration und Intuition sind sich gegenseitig unterstützende Komponenten eines effektiven Unterscheidungssystems. Die Intuition ist mehr als ein nichtbewusster Teil unseres Denkens. Sie basiert auf Mustererkennung und Erfahrung. Die unterbewusste Mustererkennung ist keineswegs ein irrationaler Vorgang. Intuition funktioniert analog einer Enzyklopädie, die über ein ausgefeiltes Indexsystem verfügt, auf das über Assoziationen und ähnliche Informationen zugegriffen wird. Sie ist somit eine rationale, wenn auch im Unterbewusstsein stattfindende, analytische Methode der Entscheidungsfindung. »Mit Logik beweisen wir, mit Intuition entdecken wir« – diese Worte soll Henri Poincaré (1969) gesagt haben.

Ein Beispiel sei genannt: Man muss sich zwischen zwei Dingen entscheiden, weiß aber nicht, wie man sich entscheiden soll.

Dann ist es hilfreich, eine Liste für beide zur Auswahl stehenden Möglichkeiten anzulegen, die besagt, was für das Eine und was für das Andere spricht. In der Regel weiß man in dem Moment, indem man die Übersicht anzulegen versucht, für was man sich innerlich schon längst entschieden hat.

Für die Begleitungsarbeit heißt das, dass die Persönlichkeitsbildung und das angesammelte Erfahrungswissen, das die Mustererkennung steuert und in Form der Intuition agiert, unser Handeln lenken und zum richtigen Satz zur richtigen Zeit führen. Ein wirkungsvolles Zusammenspiel von Verstandeslenkung und ahnender Eingebung bahnen unerwartete Wege zum anderen Menschen. Eine komplexe Beratungssituation stellt sich dar und der Beratende kann auf den unbewussten Wissensspeicher zurückgreifen.

Kreativität, Achtsamkeit, Glaubensgewissheit, Selbstdistanz, Humor, das Gebet und die Meditation sind Meilensteine auf dem Weg zu einem präsenten und konzentrierten Leben, das sich jederzeit auf die Bedürfnisse eines anderen Menschen einlassen kann.

Die Kompaktberatung verlangt nach einer aufmerksamen und beteiligten Persönlichkeitshaltung im Alltag. Diese Form des Daseins kann geübt und erlangt werden, indem bestimmte Fähigkeiten geschult werden. Ähnlich wie bei den Wüstenmönchen ist Persönlichkeitsbildung gefragt.

> So kann's gehen:
Wenn man dem Menschen gegenübersteht, der einen um Hilfe angefragt hat, wird überlegt: Was löst dieser Mensch in mir aus? Freude oder Fremdheit, Ärger oder Ängstlichkeit, Mitleid oder Wut etc.? Welches Bild fällt mir zu ihm ein? Sehe ich eine Prinzessin, einen Zwerg, einen Frosch, ein Aschenputtel oder etwa einen Stein? Was kann ich für ihn sein? Was ist das Einzigartige, das ich ihm geben kann auf seinem Weg? Was würde ich ihm

gern sagen? Und dann plötzlich ist der kurze Satz da, der gesagt werden muss und mit dem der Andere seinen Weg gehen kann.

Kreativität
Der Begriff »Kreativität« bezeichnet im allgemeinen Sprachgebrauch die Eigenschaft eines Menschen, schöpferisch tätig zu sein und Neues hervorzubringen. Das Wort kommt aus dem Lateinischen: »creare« bedeutet »schöpfen«. Ein Sinnbild für Kreativität findet sich in der Bibel im ersten Schöpfungsbericht (1. Mose 1). Dort erschafft Gott die Welt aus dem Nichts, aus Chaos wird Struktur.

Darauf vorbereitet zu sein, dem Suchenden ein Wort, einen Satz, eine Geschichte mitzugeben, meint, die eigenen kreativen Anteile und die rechte Gehirnhälfte zu schulen.

▸ So kann's gehen:
Man kauft sich zwei Jonglierbälle, die weich und griffig sind und leicht aufgefangen werden können. Es wird geübt, diese hochzuwerfen und aufzufangen und dann im Bogen von der einen Hand in die andere zu werfen. Wenn das gelingt, kommt der dritte Ball dazu.

Die Kreativität wird auch dadurch geschult, wenn man Dinge andersherum ausführt als gewohnt. Alles, was wir tun, um unsere gewohnten Verhaltens- und Lebensmuster zu durchbrechen, führt uns weiter. Immer wieder »das ganz Andere«, Unerwartete zu tun und Alltagsrituale zu durchbrechen, befähigt uns zum spontanen Anderssehen und -denken.

Die Flexibilität, intuitiv und unvermittelt auf Bedürfnisse eingehen zu können, und die Originalität, auf ungewohnte Weise Möglichkeiten der Hilfe zu finden, gehören zur Kreativität des Menschen, die sich im Gegenüber bzw. Miteinander mit einem oder mehreren Anderen entfaltet. Zum geistesgegenwärtigen, kreativen Dasein in der Welt gehört die Fähigkeit,

Verblüffung und Betroffenheit zu erleben. Denn dann tut sich etwas im Gehirn. Um dazu im Stande zu sein, bedarf es des Unterlassens von Selbstgefälligkeit, Überheblichkeit, Bequemlichkeit und vieles mehr. Das haben die Jesuiten schon im 17. Jahrhundert erkannt und in einem Handspiegel zur Selbsterkenntnis angeprangert.

Manchmal gibt man sich zu früh mit den eigenen Bemühungen zufrieden, was folgendes Erlebnis berichtet.

Eine schwer krebskranke Frau – sie hatte nur noch wenige Tage zu leben – war zweimal verheiratet. Ihr erster Mann nahm sich aufgrund einer Kriegsverletzung das Leben. Ihr zweiter Ehemann nahm es sich aus Verzweiflung, weil seine Frau im Sterben lag. Er war auf den Acker gefahren und hatte mit einem Schlauch die Auspuffgase ins Auto geleitet. Der Sohn fand ihn erst nach zwei Tagen. Die Sterbebegleiterin der Frau besuchte sie täglich und meist schwiegen sie miteinander. Der Sterbenden war natürlich aufgefallen, dass ihr Mann sie schon zwei Tage nicht besucht hatte. Ihr Sohn erzählte ihr, der Stiefvater, ihr Ehemann, hätte es nicht geschafft, ins Krankenhaus zu kommen. Wie eine Dunstglocke lag das Wissen bzw. Unwissen über dem Krankenzimmer. »Wie gerne hätte ich in den Tagen die erlösenden Worte gefunden, die uns die Angst, die alle verspürten, hätten teilen lassen. Aber ich glaube, ich war selbst zu feige, hatte Angst vor der Wahrheit, sodass ich im Schweigen verharrte«, verriet die Sterbebegleiterin später.

Nachdem der Ehepartner gefunden worden war, wollte der Sohn der Frau die traurige Nachricht bringen. Als er ins Zimmer trat, sagte sie: »Du brauchst nicht zu sagen, er ist tot, ihr habt mich angelogen – ich habe es die ganze Zeit gewusst, er hat sich umgebracht, deshalb ist er nicht gekommen!« Zwei Tage später verstarb sie, ohne noch ein Wort gesprochen zu haben.

Manchmal fehlt die Kraft, die der Geist bewirkt, und dann stehen wir uns selbst im Weg und sind unglücklich, nicht den Beistand geleistet zu haben, den wir geben wollten, weil die eigene Angst uns lähmte, die Ängste der Sterbenden aufzunehmen und anzusprechen.

Bildliches Denken
Wie lässt sich unsere Vorstellungskraft schulen? Wenn Kopf und Herz frei sind, fällt es leichter, Bilder in sich aufsteigen zu lassen. Was erlebt wird, lässt sich dann bildlich vorstellen. Ein geistig vorgestelltes Erleben tritt zwischen das Ich und die Aufgabe, die ansteht. Das »Kopfkino« kann als Form der Selbstdezentrierung verstanden werden.

› So kann's gehen:
Kopfkino, weniger blumig ausgedrückt: Memotechnik, kann geübt werden, indem zum Beispiel der Einkaufszettel zu Hause gelassen wird und man ihn sich durch bildliche Vorstellung und Zuordnung der einzelnen Dinge einprägt. Wenn wir uns merken wollen, dass wir zum Beispiel Taschentücher, Milch, Kohl und Ofenanzünder einkaufen müssen, sollten wir die Begriffe mit einer Geschichte verbinden. Die von mir spontan überlegten und zusammengestellten Gegenstände bekommen eine Reihenfolge, in der sie in der gedanklichen Erzählung vorkommen. Folgendermaßen wird begonnen: Ich überlege, zu welchem Wort mir zuerst etwas einfällt. Es ist die Kuh, die ich sehe, wenn ich an Milch denke. Eine freche Kuh ist aus dem Gatter geklettert und hat sich einen Kohl vom Feld geholt. Jetzt fehlen noch die Begriffe: Anzünder und Taschentücher. Die Liese auf der Wiese schwenkt das Taschentuch und versucht, die Kuh vom Kohlfeld zu vertreiben. Da sieht sie Onkel Karl das Kartoffelfeuer entzünden, was ihm nicht gelingt, weil er keine Anzünder hat. Diese bildlich vorgestellte Geschichte kann

mit weiteren Merkposten der Einkaufsliste weitergesponnen werden.

Der 4-B-Merksatz lautet: Ein buntes Bild im Bewusstsein bringt die Botschaft an den Beratungssuchenden.

Die bildliche Vorstellungskraft zu schulen, befähigt dazu, Sprachbilder und Symbole, die in Gesprächen benutzt werden, zu bemerken und zu deuten.

Bei der Begleitung eines 75-jährigen sterbenden Mannes fragt dieser, nachdem er über seine Angst gesprochen hat, mehrfach nach der Uhrzeit. Da kann man einen Anknüpfungspunkt zur begrenzten Lebenszeit ausmachen und diesen auch thematisieren. »Sie fragen nach der Uhrzeit, es ist 15:30 Uhr – nicht mehr viel Zeit vor sich zu haben, ist das für Sie bedrängend?«

Eine Schwerkranke berichtet von ihren Albträumen. Sie träumt, dass sie in einen Abgrund fällt. Sie sieht darin die Angst vor dem Tod. Während der Unterhaltung bittet sie mehrmals um Wasser. Wasser steht für Leben. »Sie wollen Wasser, weil Sie vielleicht Durst haben. Wasser symbolisiert auch Leben. Ich spüre einen starken Wunsch von Ihnen, mehr Leben haben zu wollen – ist das so?«

Sprachbilder stehen für das manchmal Unaussprechliche und suchen nach demjenigen, der den Sinn dahinter versteht und das angebotene Thema zur Sprache bringt.

Differenzierte Wahrnehmung

Die Schulung des bildlichen Denkens hilft auch, perspektivisch sehen zu lernen, das heißt, Erfahrenes und Erlebtes aus unterschiedlichen Sichtweisen zu verstehen und hinschauen zu lernen wie durch ein Kaleidoskop. Dieses Gerät zeigt, wie der Name sagt, schöne Formen. Mithilfe von Glassplittern wird die sichtbare Welt in bunte Teile zerlegt. Oft sind es nur Bruchteile, die

Menschen für sich persönlich aufgrund ihrer Geschichte und sozialen Prägung zusammensetzen. Wenn wir anderen Menschen in ihrer Wahrnehmung nahe kommen wollen, setzt das voraus, dass man ihr Wirklichkeitsverständnis zumindest ansatzweise nachvollziehen kann. Die Geschichte vom Ei erläutert, wie unterschiedlich Dinge gesehen werden können.

Es war einmal ein Bauer, der hatte drei Söhne, und als er in die Jahre kam, begannen sie, ihn zu bedrängen, er solle entscheiden, wem von ihnen er seinen Hof übergeben wolle. Da rief der Bauer seine Söhne eines Tages zu sich und sagte: »Weil ihr nun einmal keine Ruhe gebt, will ich euch auf die Probe stellen, damit ich erkenne, wer von euch am besten zum Hoferben taugt. Binnen Jahresfrist sollt ihr also herausfinden, was das für ein Ding ist, das ich euch jetzt gebe. Bis dahin aber will ich von euch kein Wort darüber hören«, und dabei gab er jedem von ihnen ein Ei. Als das Jahr vergangen war, rief er die drei Söhne zu sich in die Stube und fragte sie, was sie über das Ding herausgefunden hätten. Der Älteste zuckte mit den Schultern und sagte: »Ein Ei ist ein Ei. Ich habe es am nächsten Morgen zum Frühstück gegessen. Was soll man sonst damit anfangen?« »Schade«, sagte der Bauer. »Nun hast du nichts mehr in der Hand, womit du mir beweisen könntest, dass dieses Ding tatsächlich ein Ei gewesen ist.« »Da war ich klüger«, sagte der zweite der Söhne und zog das Ding, das ihm sein Vater gegeben hatte, aus der Tasche. »Ich habe es in meine Schublade gelegt und dort aufgehoben, damit ich es dir heute zeigen kann. Es ist wirklich ein Ei.« »Das soll ein Ei sein?« sagte der Bauer, nahm es ihm aus der Hand und schlug die Spitze ab. Da quoll aus dem Ding ein dermaßen hanebüchener Gestank, dass es allen in der Stube den Atem verschlug. Der Bauer riss das Fenster auf, warf das Ding hinaus auf den Misthaufen und sagte: »Mehr als dieser üble Geruch ist dabei wohl nicht herausgekommen.«

Dann wandte er sich an den dritten Sohn und fragte ihn, ob er ihm sagen könne, was für ein Ding er von ihm vor einem Jahr bekommen habe. »Das ist eine lange Geschichte«, sagte der Jüngste. »Zunächst habe ich das Ding, das wie ein Ei aussah, einer Henne untergeschoben. Sie hat es ausgebrütet, und aus dem Ding schlüpfte ein Küken, das heranwuchs, und dann war das Ding mit einem Mal ein tüchtiger Hahn. Als ich ihm eines Morgens Körner streuen wollte, hatte ihn in der Nacht der Fuchs geholt. Nur eine schöne Schwanzfeder lag noch da. Die steckte ich mir an den Hut, und so war das Ding nun eine Feder an meinem Hut. Aber die Sache mit dem Fuchs wurmte mich doch. Deshalb lauerte ich ihm auf, und als er wieder um den Hühnerstall schlich, brannte ich ihm eins auf den Pelz, dass er alle viere von sich streckte, zog ihm das Fell über die Ohren und gab es zum Gerben. Nun war das Ding auch noch ein schöner Fuchspelz, denn der Fuchs hatte ja meinen Hahn gefressen. Das alles geschah um die Zeit der Kirchweih. Ich setzte also abends meinen Hut auf und ging zum Tanzboden. Keiner von den anderen Burschen hatte eine so schöne Feder am Hut, und so schauten sich die Mädchen nach mir um, besonders eines, auf das ich es schon längst abgesehen hatte. Wir tanzten miteinander und merkten auch sonst, dass wir gut zusammenpassten. Da schenkte ich dem Mädchen den Fuchspelz und fragte es, ob es meine Frau werden wolle. Das Mädchen war einverstanden, und so ging ich zu ihrem Vater, um zu erfahren, ob er mich zum Schwiegersohn haben wolle. Da er nichts dagegen einzuwenden hatte, war das Ding jetzt nicht nur meine Feder an meinem Hut und ein Fuchspelz für mein Mädchen, sondern auch noch meine Braut. Sie heißt übrigens Katrin und wartet draußen.« »Dann bring sie herein, damit ich sehen kann, was aus dem Ding geworden ist«, sagte der Vater. Da ging der Jüngste zur Tür und brachte seine Braut in die Stube. Sobald sie über die Schwelle getreten war, blieb sie stehen, hielt sich die Nase zu und rief: »Pfui Teufel! Ist bei euch immer so ein Gestank?« »Nein«, sagte der Bauer. »Daran ist dieser Dummkopf schuld, der meint, ein Ei bleibt ein Ei, wenn man es für ein Jahr in die Schublade legt. Mein Jüngster scheint da, wenn ich dich so anschaue, beträchtlich klüger gewesen zu sein; denn er hat immerhin herausgefunden, dass dieses Ding, das wie ein Ei aussah, inzwischen eine Feder an seinem Hut, ein Fuchspelz für sein Mädchen und nun auch noch seine Braut geworden ist.« »Wenn das nur schon alles wäre«, sagte der Jüngste. Nächste Woche wollen wir heiraten, und wenn ich mir vorstelle, dass Katrin ein Kind zur Welt bringt und dieses Kind zu gegebener Zeit so ein Ding in die Hand bekommt, wie du es mir vor einem Jahr gegeben hast, dann mag der Himmel wissen, was noch alles daraus werden soll. Ich kann dir jedenfalls noch lange nicht sagen, was das für ein Ding war, das wie ein Ei aussah. »Man kann nicht immer gleich alles wissen«, sagte der Bauer. »Aber du sollst meinen Hof bekommen, denn du bist ein Mensch, der sich nicht damit zufrieden gibt, dass die Leute dieses oder jenes so oder so nennen« (Hans Bemmann, Das Ei).

› So kann's gehen:
Den Film »8 Blickwinkel« anzuschauen, eröffnet die Idee, wie viele Möglichkeiten es gibt, eine Situation wahrzunehmen. Der Film zeigt einen Anschlag auf einen Präsidenten der Vereinigten Staaten von Amerika aus verschiedenen Blickwinkeln, die jeweils eine Periode von 15 Minuten vor dem Attentat und einige Minuten danach umfassen. Mit jedem neuen Blickwinkel erhält der Zuschauer neue Informationen zu dem Anschlag und kommt so dem Rätsel der Hintermänner allmählich auf die Spur.

Ein Bild, ein Gemälde wird bewusst angesehen. Nun wird ein Auge zugehalten und das andere Auge wird mit den Händen eingerahmt, sodass nur ein Ausschnitt sichtbar wird. Was ändert sich in der Betrachtung? Ein anderes Bild nimmt das

Auge wahr, der Ausschnitt wird zum Ganzen. Auf diese Weise können unterschiedliche Sehweisen geübt werden.

Spielen

Der Mensch ist ein »homo ludens«. Er behält die Fähigkeit, zu spielen, bis ins hohe Alter. »Neotenie« ist ein Begriff aus der Biologie. Er beschreibt den Übergang eines Tieres vom frühen Entwicklungsstadium in das Erwachsenenalter unter Erhalt der »kindlichen« Fähigkeiten und Anteile. Er wird auch im humanpädagogischen Bereich angewendet. »Als hilfreich auf dem Weg, die blockierte Kreativität des Menschen wieder freizusetzen und ihn zu einem ›Neuwerden von innen heraus‹ zu führen, erweist sich die Neotenie, die ›Verkindlichung‹ des Menschen im konstruktiven Sinne. Damit wird nicht die Überwindung der erlittenen Einengungen (die die vorherrschenden Projektionen nur noch bestärken würde), sondern der Rückgang des Menschen hinter die verselbstständigten gesellschaftlichen Dynamiken und eingefahrenen Lebensmuster – etwa Außenorientierung, Seinsollensprinzip, Machenwollen – und somit eine Hinwendung zum Inneren des Menschen anvisiert. Dabei wird Neotenie nicht zuvorderst als evolutionäre Charakteristik der Menschheit ganz allgemein oder als ein normales Element der Subjektontogenese betrachtet« (Heise, 2002, Abstract).

Dass Erwachsene sich viele kindliche Fähigkeiten bewahren können, hat ihr evolutionäres Überleben gesichert. Es gibt für Menschen jeden Alters Augenblicke im Leben, da bleibt die Zeit stehen. Die anstehende Sache schiebt sich in den Vordergrund und alles andere wird zum Hintergrund, bis es verschwindet. Dieses Aufgehen in einer Arbeit, in einer Betrachtung kann man von Kindern lernen. Kinder nehmen die Welt staunend wahr und sind unmittelbar mit ihr verbunden. Sie vergessen alles andere, wenn sie einer Libelle oder einer Raupe zusehen können. Das sind Glücksmomente oder wie man auch sagt: »Flow«-

Erlebnisse (Csíkszentmihályi, 1990). Alles um einen herum ist unwichtig in diesem Moment. Ein der Dezentrierung ähnlicher Effekt zeichnet sich ab. Kinder spielen und erleben für sich eine reale Welt. In dieser Form des Spiels lernen sie sich und die Welt kennen. Man ist in einer anderen Welt, man vergisst die Zeit und sich selbst und spürt große Zufriedenheit. Ähnliche Gefühle sind nach einer Dezentrierung zu spüren.

Ein Märchen erzählt von einem alten König, der sein Ende gekommen sah. Er hatte vier Söhne und wusste nicht, wem er sein Königreich vererben sollte. So rief er seine Söhne und sprach zu ihnen: »Derjenige von euch, der imstande ist die ›Wahrheit‹ zu finden, der bekommt das Königreich. Also sucht die Wahrheit!« Die vier Söhne gingen in die Welt hinaus und suchten die Wahrheit. Bald kam der erste nach Hause zu seinem Vater und brachte ihm einen Klumpen Gold. »Die Wahrheit ist der größte Schatz auf Erden: Nur wer sein ganzes Vermögen dafür hergibt, wird sie erlangen«, meinte er. Kurz danach kam der zweite mit einem Buch und erklärte seinem Vater: »Die Wahrheit steht in diesem Buch.« Der dritte Sohn kehrte zurück und legte dem Vater ein Schwert in die Hände und sagte: »Die Wahrheit muss man sich erkämpfen.« Endlich kam der vierte Sohn nach Hause. Er öffnete seine Hand und ein kleiner Kieselstein kam zum Vorschein. »Ich habe einem Mädchen beim Spielen zugesehen«, erzählte er. »Sie ließ einen Stein den unebenen Weg hinunterrollen und sah ihm vergnügt hinterher. Sie holte ihn und begann das Spiel aufs Neue. Als der Stein verloren ging, suchte sie unermüdlich nach ihm, so lange, bis sie ihn hatte. Niemand schien mir näher an der Wahrheit zu sein als dieses Mädchen. Deshalb suchte ich einen ähnlich runden Stein, um ihn dir, mein Vater, zu geben.« Der König war gerührt. Er sagte zu diesem Sohn: »Dir gebe ich mein Königreich. Du hast erkannt, dass die Wahrheit näher bei den Kindern liegt als bei den Großen der Welt.«

Von sich selbst abzusehen, nicht immerzu um sich selbst zu kreisen und sich einer Sache oder einem Spiel ganz »hinzugeben«, sind die wichtigsten Voraussetzungen, um die Wahrheit zu finden, wie das Märchen sagt.

Wenn Kinder spielen, vergessen sie alles um sich herum, da kann sein, was will. Das Spiel hat eine enorme Kraft. Es ist stärker als die Wirklichkeit, weil es die selbstgeschaffene Wirklichkeit der Kinder ist. Spielen spricht im Menschen Kindheitsgefühle an, lässt sie sich selbst vergessen und hat eine eigene Dimension der Anziehung. Man spielt, aber gleichzeitig spielt das Spiel mit einem, man selbst ist mittendrin. Für unser Denken und Fühlen ist die Zeit abwesend. Wer begeistert spielt, schaut nicht auf die Uhr. Wer Freude am Spiel erfährt, kann »außer sich« geraten – und dann ist er ganz bei sich. Spielen ist die beste Einübung in das Leben. Denn im Leben zu bestehen, hat viel damit zu tun, ob man ein guter Spieler bzw. eine gute Spielerin ist. Nicht immer weiß man, wo es im Leben hingeht. Manchmal weiß man nicht, welchen Weg man wählen soll und welcher der Beste ist. Eventuell muss man sich auf ein Wagnis einlassen, um die richtige Entscheidung zu treffen. Wenn es schlecht gelaufen ist, ist es hilfreich für die Seele, gelernt zu haben, ein guter Verlierer oder eine gute Verliererin zu sein und im Leben auf ein neues Spiel zu setzen. Spielen übt in die Kultur des Scheiterns ein: Die Seele spielen lassen, bereit zum Scheitern sein und neu auf Sieg setzen lernen.

▸ So kann's gehen:
Es gibt Menschen, die spielen Gesellschaftsspiele für ihr Leben gern, und andere, die keinen Zugang zum Spielen haben. Wenn man sich mit dem Spielen schwertut, ist es gut, es trotzdem zu tun. Man kann Skat lernen oder Bridge und sich mit Menschen zusammentun, die gern spielen oder sich ehrenamtlich in der Kindertagesstätte engagieren. Mit Kindern in ihren Gruppen

an den Kreisspielen teilzunehmen eröffnet neue Räume und Zugänge zur Wirklichkeit.

Achtsamkeit

Achtsamkeit bedeutet, der Spur des Lebens zu folgen und hinzuspüren, wohin die Reise, der Weg führt. »Hab Acht – pass auf, was du tust« – daher kommt der eher sperrige Begriff der Achtsamkeit. Achtsame Weltwahrnehmung und sensible Aufmerksamkeit dem eigenen Körper, Gefühl und Geist gegenüber zu schulen und das Hinsehen- und Aufnehmen-Können zu lernen sind Teil der achtsamen und aufmerksamen Lebensführung.

»*Achtsamkeit* ist daher eine ganz wesentliche Unterhaltungs- und Wartungsmaßnahme für das menschliche Gehirn« (Hüther, 2005, S. 123).

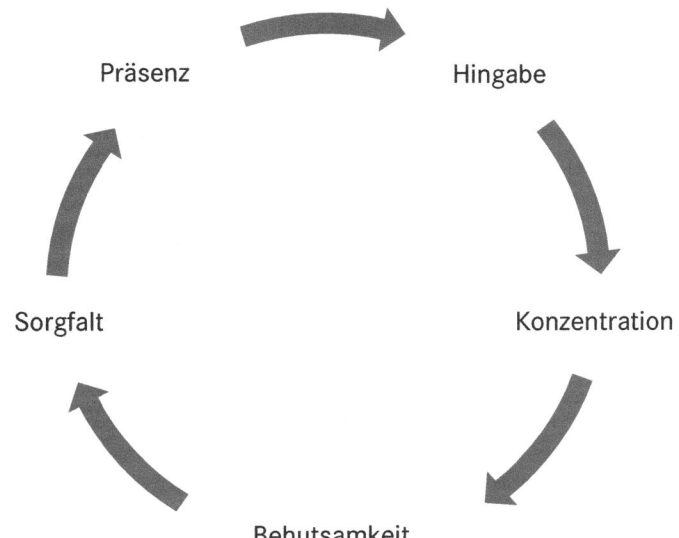

Abbildung 3: Der Kreislauf der Achtsamkeit

Die Definition des Begriffs Achtsamkeit aus dem Sanskrit liest sich in folgender Weise: Der zentrale Begriff des Buddhismus bedeutet, ganz in der Gegenwart, im Hier und Jetzt zu sein und sich seiner Handlungen in jedem Augenblick bewusst zu sein. Der Weg der Buddhisten ist typischerweise die Meditation.

Das, was mit Achtsamkeit gemeint ist, lässt sich gar nicht mit Worten oder durch eine Vielzahl anderer Worte erklären. Abbildung 3 zeigt, wie sich unterschiedliche Haltungen zur Achtsamkeit verdichten.

Ellen J. Langer ist Professorin für Psychologie an der Harvard University. Sie konnte durch ihre Arbeit in den Disziplinen Psychologie, Neuro- und Kognitionswissenschaften, vor allem im Bereich der Wahrnehmungs-, Vorstellungs- und Gedächtnisforschung, deren Entwicklung nachhaltig beeinflussen und zum Teil in neue Bahnen lenken. Über ihr ursprüngliches Forschungsgebiet, das die Vorherrschaft, die Wurzeln und Auswirkungen von Gedankenlosigkeit zum Inhalt hatte, kam sie zur Beschäftigung mit dem Thema Achtsamkeit bzw. Mindfulness. Für Langer hat eine achtsame Person die Fähigkeit, neue Kategorien zu schaffen. Gedankenlosigkeit ist für Langer mit einem starren Sich-Verlassen auf alte Kategorien verbunden. Neue Kategorien zu schaffen heißt, Dinge und Situationen, die wir kennen und an die wir uns erinnern, auf eine neue Art zu betrachten, um sie aus einer anderen als der im Gehirn gespeicherten Perspektive zu beleuchten. Sie nennt folgendes Beispiel: Ist für das Streichen einer hohen Zimmerdecke ein Mensch von über 1,80 m besser geeignet oder vielleicht jemand, der gerade mal 1,60 m groß ist, dafür aber Bergsteiger ist und gern auf Leitern klettert? (vgl. Langer, 1993, S. 75 ff.).

Es geht um das Herstellen von Offenheit für neue Informationen, um Awareness, das Gewahrwerden von Erscheinungen, die in den Randzonen von Wahrnehmung liegen. Sich bewusst zu machen, dass es für jede Beobachtung mindestens so viele

Perspektiven wie Beobachter gibt und dass Menschen manchmal gute Gründe für ihr Tun haben, öffnet Räume.

Es gilt, das Vertrauen in die eigene Intuition zu stärken. Sie befähigt uns, die Welt als Ganzes und als im Fluss befindlich zu begreifen. Ein Mensch, der seiner Intuition folgt, kann sich vielleicht eher von seinen alten Einstellungen lösen oder ein unvorhergesehenes Ereignis in seiner Bedeutung besser einschätzen. Die Offenheit gegenüber Neuem bedeutet, die täglichen Handlungen in einer größeren, bewusst gewählten Perspektive zu sehen.

Angehörige der helfenden Berufe stehen unter besonderen psychosozialen Belastungen. Sie sollen zwischenmenschliche Beziehungen aufbauen und diese unter Bedingungen aufrechterhalten, die häufig durch Erfahrungen der Aggression und Autoaggression, des Leidens und Schmerzes gekennzeichnet sind. Eigene Empfindungen, Überzeugungen und Werte bleiben dabei nicht unberührt. Deshalb ist es wichtig, das Verhältnis von Nähe und Distanz zu finden, das im jeweiligen Augenblick angemessen ist. Der Beratende muss abwägen und sich dort engagieren, wo es notwendig ist und wo er mit Erfolg tätig sein kann, also wo nicht alle Umstände schon im Vorfeld darauf hindeuten, dass er scheitern könnte. Dazu gehört es, zu lernen, sich abzugrenzen vor der allgegenwärtigen Verführung, unlösbare Probleme lösen zu wollen oder zu müssen. Um sich nicht selbst zu verlieren und in der ehrenamtlichen Begleitung in die Nähe eines Burn-outs zu kommen, ist es notwendig, gut für sich selbst zu sorgen. Eine Lösung dieses Dilemmas bietet die Supervision. Dort wird in der Fallarbeit unter anderem versucht, die Selbst- und Fremdwahrnehmung zu verbessern und die Unterscheidung von Beobachtung und Bewertung geübt. Wichtig ist es, eigene blinde Flecken kennenzulernen und über den Umgang mit Nähe und Distanz nachzudenken. Achtsamkeit heißt, auf mich aufzupassen, wie ich mit dem umgehe, was von außen auf mich zukommt. Eigene Grenzen zu kennen und

sich in guter Weise abzugrenzen, bedeutet, dem Anderen seinen Raum zu lassen und seine Grenzen zu akzeptieren.
Im Rahmen eines Treffens von Ehrenamtlichen, die Sterbende und Kranke begleiteten, brachte eine Frau ihre Erlebnisse ein. Sie erzählte von sich:

»Ich machte einen Krankenbesuch bei einem sechzigjährigen Mann, den ich schon einmal besucht hatte. Damals waren alle drei Betten des Zimmers belegt und er klagte ausschließlich über seine körperlichen Beschwerden.

Heute treffe ich ihn allein an; wie ich erfuhr, war ein Bettnachbar verstorben und der andere war entlassen. Ich betrete sein Zimmer. Er sitzt im mittleren Bett, den Blick aus dem Fenster. Ich begrüße ihn und frage:
N: ›Wie geht es Ihnen heute?‹

Ein lautes ›Beschissen‹ donnert mir entgegen. Ich sehe einen großen, breiten Mann vor mir, einige Kanülen stören ihn und sein Körper ist voll Wasser. Alles, was er nun sagt, sagt er laut, schreit es voller Wut, sein Gesicht rötet sich.
P: ›Der da ist schon weg (deutet auf das Bett an der Tür, dort lag der verstorbene Patient). Vielleicht bin ich der Nächste. Sehen Sie meine Beine an, voll Wasser. Wenn das noch in die Lunge geht, können sie mich zwei Meter tiefer legen. Aus. Was habe ich gearbeitet in meinem Leben, nur gearbeitet. Bin LKW gefahren durch Europa, habe vier Kinder und ein Eigentum. Ich werde im April sechzig und meine Frau geht auch bald in Rente. Dann wollten wir zusammen Urlaub machen, nach Tschechien fahren, daher stamme ich. Nichts mehr arbeiten! Und was sehen Sie hier?‹

Er fragt dies sehr laut.
N: ›Sie sind voller Wut!‹

P: ›Ja, genau das bin ich! Am meisten auf den da oben. Ich bin Christ, ja, aber was macht *er*? Was hab ich *ihm* getan? Ich habe jedem geholfen, immer, den Bettlern, denen auf der Straße, habe immer geteilt. Da können Sie meine Frau fragen. Hab Fuhren mit LKW gemacht für Arme und nichts verlangt! Hab das alles geregelt mit meinem Chef! Und jetzt das! Jetzt lässt *der* mich im Stich (deutet mit dem Finger hinauf)! Warum? Wofür Rache? Soll *er* es den Verbrechern schicken (deutet auf seine Beine). Ich weiß nichts mehr, aber ich will noch kein Ende.‹

Tränen laufen ihm über das Gesicht. Er kramt in seiner Schublade und nimmt ein Bonbon aus einem Beutel.
P: ›Wollen Sie auch eines?‹ Er hält mir das Tütchen hin.
N: ›Ja, gerne. Vielen Dank!‹

(Bei manchen Begegnungen berühre ich einen Patienten an der Schulter oder dem Arm, stelle Nähe her. Die Art, wie dieser Patient saß und bekleidet war, dazu die dargestellten Schmerzen, hielten mich zurück. Ich versuchte, Blickkontakt zu halten.)

Ich nutze diese Unterbrechung und sage zu ihm:
N: ›Ich wünsche Ihnen, dass Sie diese Wut umwandeln können. Dass es Ihnen gelingt, Ihre Wut in Kraft umzuwandeln. Und dass Sie mit dieser Kraft dann die Behandlung mit einem guten Ergebnis durchstehen können. Das hoffe ich sehr.‹
P: (etwas ruhiger) ›Genau. Ich gebe nicht auf. Nein, ich nicht. Das werden wir sehen. So kann nicht alles zu Ende gehen. Ich halte durch.‹
N: ›Wenn ich wiederkomme, liegt eine Woche Therapie hinter Ihnen. Wir wollen beide hoffen, dass Sie einen, wenn vielleicht auch kleinen, Erfolg spüren. Ich würde mich sehr mit Ihnen freuen.‹

P: ›Vielen Dank. Danke, dass Sie mich besucht haben.‹
N: ›Bis nächste Woche. Gute Tage und auf Wiedersehen.‹«

Der Besucherin ist es nicht leicht gefallen, die Wut dieses noch nicht alten Mannes auszuhalten, weil sie auch angemessen erschien. Wie kann ich mich abgrenzen und trotzdem ganz beim Anderen sein, um seinen Kummer und seinen Schmerz aufzunehmen und mit ihm weiter ein Stück des Weges zu gehen? Eigene Vorbereitung und Persönlichkeitsbildung sind gefragt.

Eine achtsamkeitsorientierte Haltung kann anleiten, sich selbst kennen zu lernen und der Welt als Teil von sich zu begegnen. Folgende Übung wird unter vielen anderen empfohlen: »Versuchen Sie, Ihr eigenes Leben heute als eine Reise und als ein Abenteuer zu sehen. Wohin sind Sie unterwegs? Was suchen Sie? Wo befinden Sie sich in diesem Augenblick? In welchem Stadium der Reise befinden Sie sich? Sind Sie auf irgendeine Weise festgefahren? Können Sie sich vollständig allen den Energien öffnen, die Ihnen in diesem Augenblick zur Verfügung stehen? Denken Sie stets daran, dass diese Reise ganz und gar Ihre eigene ist, nicht die irgendeines anderen Menschen. Deshalb muss der Pfad der Ihre sein. […] Sind Sie bereit, Ihrer Einzigartigkeit gerecht zu werden?« (Kabat-Zinn, 2007, S. 91). Zusammenfassend habe ich den Vorschlag, diese Lebenshaltung mit einem Satz in das Leben zu integrieren, mit dem 4-A-Satz: Mit jedem Atemzug aufmerksam und achtsam dem Augenblick begegnen!

> So kann's gehen:
Man nimmt sich eine Rosine. Dann betrachte man diese so, als ob man sie noch nie im Leben gesehen hätte. Man beschreibt dann, was man sieht in allen Details, wie Farbe, Form, Oberfläche etc. Dann schließt man die Augen und spürt die Rosine, wie sie auf der Hand liegt: Ist sie schwer oder leicht? Die Rosine

wird zwischen Daumen und Zeigefinger hin und her bewegt und die Konsistenz wird erspürt: Ist sie weich oder hart, wie fühlt sich die Oberfläche an? Vielleicht kann man sich fragen: Woher kommt diese Rosine? Welche und wie viele Menschen waren an ihrem Entstehungsprozess beteiligt? Dann riecht man an der Rosine: Welche Gedanken und Gefühle kommen auf? Die Frucht wird auf die Zunge gelegt: Wie fühlt sie sich an? Gibt sie schon einen Geschmack frei? Nun wird auf sie gebissen: Was verändert sich? Sie wird jetzt mindestens zehn bis zwanzig Mal gekaut: Was passiert, was wird wahrgenommen? Was wird geschmeckt, wo genau im Mund passiert das? Zum Schluss wird die Rosine geschluckt: Was passiert weiter?

Dieses Experiment kann längere Zeit in Anspruch nehmen und gibt einen praktischen Einblick in vertiefte Wahrnehmung.

Versöhnung
Der Blick zurück kann viele Wege, die sich zeigen, versperren. Also gilt es, nach vorn zu schauen. Was könnte wie sein, wenn es gut wäre? Die Aufarbeitung der eigenen Vergangenheit ist für den Beratenden ein Teil seiner Vorbereitung auf die Anforderungen, die sich stellen. Er hat sich versöhnt mit den Ereignissen, die ihm Kummer gemacht haben. Das ist dadurch möglich, dass er die Unbill, der er begegnete, »gut sein lässt«. Wie ein Mensch sein Leben ansieht, so ist seine Wirklichkeit, die er sich mit der Macht seiner Gedanken erschafft. »Das Leben ist nicht das, was geschieht, sondern das, was wir erinnern« (Gabriel García Márquez). Eins mit sich sein und dem, wie das Leben gelaufen ist, heißt, theologisch gesprochen, sich selbst vergeben zu können, weil Gott vergibt.

Den Körper zu kennen ist genauso wichtig wie die eigenen Gefühle. Der Dialog ist mit der eigenen Angst, Aggression oder was auch immer beschäftigt und ist hilfreich. Woher kommen die Gefühle? Sind sie ein Teil von mir? Kann ich sie annehmen? In der vermeintlichen Schwäche kann die Stärke erkannt werden.

Diese Lebenshaltung beeinflusst das Dasein, die Einstellungen. In der Sammlung, der Meditation, im Gespräch mit dem Universum nimmt der Mensch Teil an einer anderen Dimension der Wirklichkeit. Denn mithilfe von Entspannungs- und Versenkungstechniken kann dem Leben eine andere Perspektive abgewonnen werden. Das »Machen-Wollen« wird ersetzt durch Ruhe und Gelassenheit. Das Leben wird bewusster gestaltet. Im Gespräch mit dem Universum liegt die Chance, Hoffnungen und Ängsten, die in Personen leben, Raum zu geben. Das kann befreiend wirken, wie ein tiefes Durchatmen oder herzhaftes Gähnen. Möglichkeiten zum Handeln eröffnen sich.

Die hohe Kunst der Versöhnung mit sich selbst und dem eigenen Schicksal begegnete mir bei einem Rundfunkinterview mit Boris Grundl, das ich zufälligerweise hörte.

Er war ein hoffnungsvoller Spitzensportler und erfolgsverwöhnter Sonnyboy gewesen, als er auf der Suche nach immer neuen Kicks beim Klippenspringen im Urlaub in sein anderes Leben stürzte. Er verletzte sich schwer und war seitdem vom Hals ab gelähmt. Reha, Rollstuhl und Sozialhilfe bestimmten nun sein Dasein. Aber damit fand er sich nicht ab und kämpfte sich in ein neues Leben zurück. Er gab nicht auf und arbeitet heute sehr erfolgreich als Managementtrainer, Unternehmer etc. Seine angefangene sportliche Karriere nahm eine andere Wende und heute ist er einer der weltbesten Rollstuhl-Rugby-Spieler. Er ist verheiratet und hat zwei Kinder. Dass seine Annahme, seine Versöhnung mit seinem Schicksal geglückt war, verriet mir folgende Sequenz im Rundfunkinterview. Die Reporterin fragte ihn zum Schluss, ob er, wenn er wüsste, was passieren würde, trotzdem auch heute noch einmal springen würde? Und er antwortete ohne jedes Zögern mit »Ja!«.

Er hat die alltägliche Verantwortung für sein Leben übernommen und im Sinne des Wortes das Beste daraus gemacht. Sein zweites, behindertes Leben ist zu seinem Wunschleben geworden.

Die Frage, was gut für Menschen ist und was dem Leben dient, trotz und in allen Widernissen, soll uns leiten. Der 4-S-Satz lautet: Das Selbst sehnt sich in der Stille nach Stärke.

> So kann's gehen:

Einem Menschen zu verzeihen, der einem wehgetan hat, ist in der Regel nicht einfach. Sich mit ihm in Gedanken zu versöhnen, auch ohne dass der Andere sich entschuldigt hat, ist möglich, indem ich zum Beispiel ein Bild, das ich von demjenigen habe, jeden Tag anschaue. Ich spüre die Gefühle, die in mir hochkommen, und lasse sie gewähren. Ich beende das Gedankenspiel, indem ich dem Bild laut sage: »Ich verzeihe dir.« Es geht um die persönliche Befreiung von unguten Gefühlen. Dieses Wissen erleichtert das Vergeben. Sollte kein Bild des Menschen im Besitz sein, kann man ihn sich vorstellen.

Humor

Humor ist mit der Fähigkeit verbunden, den Unzulänglichkeiten der Welt und den Schwierigkeiten und Missgeschicken des Alltags mit heiterer Gelassenheit zu begegnen. Sie nicht so tragisch zu nehmen und über sie und sich lachen zu können, ist eine Bereicherung für das Leben. Eine Distanzierung geschieht durch das Lachen über sich selbst, denn man sieht von sich selbst ab. Vieles ist dann nicht mehr so wichtig, wie es auf den ersten Augenblick erscheint. Der Mensch ist nicht mehr sich selbst und seinen Empfindungen ausgeliefert. Er kann aus einer Außenperspektive auf sich schauen. Die Sicht, wie ich mein Leben betrachte, ändert sich. Wenn ich über mich und meine Schwächen lachen kann, bin ich stark. Dann bin ich mir und meinen Empfindungen nicht ausgeliefert. Ich kann aus einer Außenperspektive auf mich selbst schauen und über mich lachen, weil ich eine Kleinigkeit im Moment so schwer nehme, wie es sich gar nicht lohnt.

Ein neu ernannter Bischof beklagte sich in der ihm von Papst Johannes XXIII. erstmals gewährten Privataudienz, dass ihn die neue Bürde nicht mehr schlafen lasse. »Oh«, sagte Johannes in mitleidsvollem Ton, »mir ging es in den ersten Wochen meines Pontifikats genauso. Aber dann sah ich einmal im Wachtraum meinen Schutzengel, der mir zuraunte: Johannes, nimm dich nicht so wichtig! [...] Seitdem schlafe ich wieder.«

Beim Lachen über mich habe ich Distanz zu mir. Die Sicht, wie ich mein Leben betrachte, ändert sich. Lachen entsteht dann, wenn der Ordnungssinn, die Vernunft, in eine Grenzlage gerät. Lachen geschieht, wenn ein nicht vernünftig aufzulösender Gegensatz zwischen anschaulicher Eindeutigkeit und sinnhafter Mehrdeutigkeit, also das Erleben, sich zwischen Sinn und Sinn zu befinden, eintritt. Es erlöst den Menschen aus seiner gedanklichen Ratlosigkeit und verweist darauf, dass allein aus Vernunftgründen die Vielfalt von Lebenserfahrungen und die gedankliche Unberechenbarkeit von überraschenden Lebenssituationen nicht zu meistern ist.

Beim Lachen passiert einiges im menschlichen Körper: Wenn jemand lacht, rast der Atem mit 100 Stundenkilometer durch die Luftröhre. Die Organe werden mit mehr Sauerstoff versorgt, die Durchblutung verbessert sich. Denn wie sagt die Volksweisheit: Lachen ist gesund. Das bestätigt die medizinische und psychologische Forschung. Lachen setzt Stoffe in unserem Gehirn frei, die zum Wohlbefinden und zur Besserung des Allgemeinzustandes beitragen. Und wenn man nun nichts zu lachen hat? Auch dann ist Lachen gesund, selbst wenn es einem künstlich vorkommt. Lachen hilft, nach dem Motto: »Humor ist, wenn man trotzdem lacht.« Das Rezept lautet, auch dann zu lachen, wenn einem gar nicht danach zu Mute ist. Und der Anfang dazu, dass alles besser geht, ist gemacht! Wenn ich es schaffe, mein Leben aus einer gewissen Distanz zu betrachten, relativieren sich viele Sorgen und Probleme. Senta Berger berichtet in einem Interview, dass sie auch lachte, wenn es ihr gar nicht gut ging. Dies half ihr aber zum Gutgehen. Wenn du nicht glücklich bist, tu so, als wenn du glücklich wärst – und du wirst glücklich.

Unvergleichlich realistisch betet Thomas Morus um Humor. Wenn die Lebensgrundfunktionen erfüllt sind, kann der Mensch zufrieden sein. Wenn er dann noch Probleme hat, entstehen diese, weil er sich selbst zu wichtig nimmt:

Gebet um Humor
Schenke mir eine gute Verdauung, Herr,
und auch etwas zum Verdauen.
Schenke mir Gesundheit des Leibes,
mit dem nötigen Sinn dafür,
ihn möglichst gut zu erhalten.
Schenke mir eine heilige Seele, Herr,
die das im Auge behält, was gut ist und rein,
damit sie im Anblick der Sünde nicht
erschrecke, sondern das Mittel finde,
die Dinge wieder in Ordnung zu bringen.
Schenke mir eine Seele, der die Langeweile
fremd ist, die kein Murren kennt und
kein Seufzen und kein Klagen,
und lasse nicht zu,
dass ich mir allzu viel Sorgen mache
um dieses sich breit machende Etwas,
das sich »ich« nennt.
Herr, schenke mir Sinn für Humor
Und gib mir die Gnade, einen Scherz zu verstehen,

damit ich ein wenig Glück kenne im Leben
und anderen davon mitteile. Amen.
(Thomas Morus)

Sich selbst nicht so wichtig nehmen, diese Lebenshaltung fängt im Kopf an. Man muss sich von sich selbst nicht alles gefallen lassen! Man ist nicht das Wichtigste auf der Welt, denn es gibt Wichtigeres. Die Aufgabe des Lebens heißt, das zu tun, was man kann und was einem vor die Füße fällt. Eine Kerze hat die Aufgabe, zu brennen und Licht zu verbreiten, auch wenn sie sich dabei verzehrt.

> So kann's gehen:

Lachen ist trainierbar. Inzwischen gibt es Lachseminare etc. Selber lachen zu lernen ist möglich, indem man morgens, wenn man aufgewacht ist, seine Lacheinheit, ähnlich der Morgengymnastik, einlegt. »Hi, hi, hi – ho, ho, ho«, mit diesen Lauten wird durch die Wohnung getanzt, und zwar so lange, bis man sich vor Lachen schüttelt. Die Welt ist eben komisch und nur mit Humor zu nehmen – diese Erkenntnis stellt sich dann automatisch ein.

Gebet/Meditation

Der 4-K-Merksatz für den folgenden Teil einer angebotenen Daseinsform lautet: Mit hoher Konzentration und engem Kontakt im Konsens zum kurzen Satz. »Obwohl in der Moderne der gläubige Zugang zur *Wirklichkeit* generell abgewertet wurde, spielt Religiosität im Privatleben nach wie vor eine große Rolle … Je vernünftiger bzw. rationaler die öffentliche Welt geordnet wird, desto mehr werden gläubige bzw. irrationale Wege der Wirklichkeitsdeutung gesucht« (Buer u. Schmidt-Lellek, 2008, S. 85).

Ungebrochen ist also die Suche nach einer anderen Welt. In der Stille der Meditation, in meditativem Gehen und Sitzen oder Ähnlichem üben wir die Fähigkeiten, in das Gespräch mit dem Dritten, dem Unverfügbaren zu kommen. Es geht um die Beziehung zu mir selbst und zum Suchenden, aber auch um die zum Universum, zu Gott. Für den Begriff »Gott« gibt es viele Umschreibungen, zum Beispiel das Unbestimmte, das Dritte, der Zufall, die Transzendenz. Wie immer er bezeichnet wird, wichtig ist, zu beachten, dass das Gemeinte nie fassbar sein wird.

»… dass das Gebet bzw. die innere Gemeinschaft mit dem Geist dieses Universums – mag dieser Geist Gott oder Gesetz sein – ein Prozess ist, in dem etwas Wirkliches geschieht, durch den spirituelle Energie in die Erscheinungswelt einfließt und dort psychologische und materielle Wirkung hervorbringt« (James, 1902/1997, S. 473). Spiritualität, zum Beispiel im Gebet praktiziert, hat nach James mit den Energien der anderen Welt zu tun, die in unsere Welt einfließen können.

Eine aktuelle Studie mit Traumapatienten zeigte, dass die gemachten Erfahrungen nicht nur die eigene Existenz, sondern auch den persönlichen Glauben, also das, was Halt gibt, erschütterte. Dennoch suchen viele während der Therapie nach Spiritualität. Religiöses Leben kann Halt geben, wenn es nicht nur um rituelle Vollzüge geht, sondern um die Stärkung einer inneren Glaubenshaltung (vgl. Christ in der Gegenwart, 4/2017).

Insofern erscheint es sinnvoll, religiöse Praktiken als Hilfe zur inneren Stabilität und Reifung zu verstehen. Inwieweit man sich selbst auf spirituelle oder religiöse Fragen und Antworten einlassen kann, wird erforscht mit einer Methode aus dem kreativen Schreiben. Silke Heimes spricht davon, dass der Glaube an eine höhere, lenkende Macht dem Menschen helfen kann, Vertrauen zu entwickeln. Sie hat die folgende Übung (»das weise Universum«), die aus drei Fragen besteht, dazu entwickelt: »Glauben Sie? Und wenn ja, an was?/Denken Sie, dass es eine Art höhere Macht gibt, die Einfluss auf Ihr Leben hat?/Gibt es eine Art Wesen, das Sie schützt? Und wenn ja, wie sieht es aus, wenn es überhaupt eine Gestalt hat?« (Heimes, 2014, S. 113).

Eine Anleitung auf dem Weg zu spirituellem Dasein kann das Gebet sein. Es hilft, eine konzentrierte Lebenshaltung zu erlangen. Es ist ein Gespräch mit einem ganz Anderen, dem Universum oder eventuell mit Gott. Im Gebet kann man Kontakt aufnehmen: Man kann mit Gott reden, mit ihm sprechen. Alles darf gesagt werden. Das Unbegreifliche ist das Einzige, mit dem in dieser schonungslosen Offenheit gesprochen werden kann. Auch alle Zweifel, die man an Gott hat, kann man ins Gespräch mit ihm hineinpacken. Viele Menschen jüdischen Glaubens haben ein sehr unmittelbares Verhältnis zu Gott. Sie schimpfen mit ihm, sie loben ihn. Und sie nehmen ihr Leben dann so, wie es kommt. Sie haben Glaubensgewissheit und Urvertrauen. Das heißt, es bedarf keiner anderen Begründung meines Lebens. Ich bin wichtig, nicht weil ich Geld habe, weil ich anerkannt bin, weil ich viel geleistet habe. Ich bin wichtig und es gibt mich, weil ich gewollt bin – das ist die Gewissheit unseres Lebens. Selbst, wenn ich niemandem mehr wichtig bin, ihm bin ich wichtig, auch über den Tod hinaus.

Wir können über alles klagen, alles erbitten – einmal erfüllt sich die Bitte, das andere Mal lernen wir, damit zu leben, dass es nicht so geht, wie wir wollen. Und vielleicht ist es ganz gut, dass sich manche Bitte im Gebet nicht erfüllt, vielleicht, weil sie aus Kummer und unverarbeitetem Zorn heraus geschah, im Affekt sozusagen. Wie furchtbar wäre es, wenn sich alle unsere geheimen Flüche oder Verwünschungen erfüllen würden. Man bettelt, bittet und fleht um etwas, aber es erfüllt sich nicht. Monate oder Jahre später weiß man, dass es so, wie es gekommen ist, gut war und dass es gar nicht gut gewesen wäre, wenn die Bitten sich erfüllt hätten. Wie unerträglich es sein kann, wenn sich Wünsche allzu schnell erfüllen, erzählt das Märchen vom armen Ehepaar:

Es waren ehrbare Menschen, die in Frieden alt geworden waren. Deshalb versprach ihnen eine gute Fee, drei Wünsche zu erfüllen. Das Glück über das unverhoffte Geschenk war riesengroß. Der alte Mann fasste es kaum und rief in seinem Überschwang: »Jetzt möchte ich erst mal eine ordentliche Bratwurst essen.« Und schwuppdiwupp lag die Bratwurst auf dem Teller vor ihm. Mit Entsetzen und voller Wut sah seine Frau, dass ein Wunsch nun schon vergeben war und rief: »Die Bratwurst möge dir an deiner Backe kleben.« Und was geschah – die Bratwurst klebte an der Wange des alten Herrn. Kein Mittel half, sie ging auch nicht mehr ab. Also musste der letzte Wunsch verbraucht werden, um die Bratwurst aus dem Gesicht zu bekommen.

Ein Gebet kann eine Bitte oder ein Wunsch sein, aber nicht nur, denn alles kann ein Gebet sein: ein Lied, eine Anrede, festgefügte oder freie Worte, sogar das ganze Leben kann ein Gebet sein. Es kommt auf die Haltung, auf die Einstellung zum Leben an. Bin ich alleiniger Manager meines Lebens und verstehe ich mich als reines biologisches Produkt, dann wird es mir schwerfallen, zu beten. Wenn ich mein Leben jedoch als Geschenk verstehe, entsteht ein Gefühl der Dankbarkeit. Ich will dem danken, der es mir geschenkt hat. Ich setze damit Gott voraus, egal, wie ich ihn mir vorstelle.

Dankbarkeit ist eine spirituelle Lebenshaltung. Wenn man sein Leben als Geschenk versteht oder empfindet, fühlt man sich frei und ist glücklich. Dann begreife ich mein Leben jedoch auch als Aufgabe. Ich habe die Aufgabe, mich und meine Fähigkeiten verantwortungsvoll in dieser Welt einzubringen. Im Gebet, im Dialog mit dem, dem ich dieses Leben verdanke, kann ich jeden Tag neu klären, was heute meine Aufgabe in der Welt ist.

Es gibt auch Tage, an denen das Leben schwer ist und ich keinen Grund zur Dankbarkeit sehe. Aber dann kann ich dem Universum und/oder Gott klagen, was mir nicht passt. Ich kann schimpfen und meinem Zorn freien Lauf lassen. Auch das ist besser, als wenn ich alles, was mir im Leben an Unglück passiert, auf mich zurückführen und mich dafür verantwortlich machen müsste. Das Gebet öffnet die Tür zu einer anderen Welt, zu jener Welt, der wir im Alltag kaum Raum geben. Es ermöglicht mir den Dialog mit Gott. Viele Menschen suchen nach dieser anderen Welt. Gerade Klostergemeinschaften, die streng von der Welt abgeschieden leben, haben besonders von jungen Leuten einen starken Zulauf. Durch das Beten können wir diese andere Welt, die Welt der Ruhe, der Gelassenheit und der Gottesnähe, in uns hineinlassen.

> So kann's gehen:
Das Summen von einem Mantra führt in spirituelle Gefilde. Möglich ist es, zum Beispiel Om – Ah – Hum aus der buddhistischen Tradition zu nehmen. Om wird gesummt, dann Ah und dann Hum. Oder man atmet mit Om ein, mit Ah aus und zwischen Einatmen und Ausatmen lässt man das Hum wirken. Erreicht wird die innere Leere, die einen Menschen öffnet.

Staunen
Staunen wird in einem Herkunftswörterbuch mit »sich wundern« erklärt. Für die Wunder im Alltag offen zu sein und sie sehen zu lernen, ist ein weiterer Fortschritt zu einer anderen Betrachtung der Welt. Neue Weltzusammenhänge tun sich auf. Der Zufall wird zum »Kairos«, der geschenkt wird vom Leben. Sehen, was nicht zu sehen ist, und erleben, was sich nicht anfassen lässt, löst Staunen aus. Ich staune über den Tau auf dem Blatt am Morgen, weil ich dahinter die Verbundenheit von allem mit allem, die Geschöpflichkeit und einen Schöpfer erahne.

Staunen als Kategorie des Welterlebens zu lernen, bedeutet, Wahrnehmung zu schulen, Interpretationen wegzulassen, auf Wertungen zu verzichten und sich erlebten Annäherungen hinzugeben. Wenn ein Kind eine Schnecke findet, schaut es ihr zu und bekommt große Augen. Das Gesichtsfeld erweitert sich, es will mehr sehen und erkennen. Alles in dem kleinen Wesen ist dann ganz groß auf Empfang gestellt. Wenn Menschen sterben, kann man bei ihnen Ähnliches erleben. Sie erscheinen wie von etwas oder einer anderen Welt ergriffen. Sie sind dieser Zeit und diesem Raum enthoben. Sich hingegeben an etwas Anderes zu erleben, zeigt die Offenheit des Menschen für Spirituelles.

Staunen, Verblüffung, Überraschung oder Verwunderung sind Begriffe, die synonym gebraucht werden. Im Begriff »Verwunderung« steckt der Wunder-Gedanke dieses Buches. Er ist die überraschende Reaktion auf das Erleben von etwas Unerwartetem. Neurobiologisch gesehen wird im Gehirn eine Erregung aufgerufen, ein innerer Unruhezustand, der die Motivation fördert, sich auf Veränderungen und Unbekanntes einzulassen. Das Staunen lässt den Menschen von innen heraus lernen, die sich eingestellte Neugier will befriedigt werden. Mit 3-S gesagt: In der Stille staunend schweigend sehen lernen. Die Antwort auf das Staunen-Dürfen, ist die Haltung der Dankbarkeit und der Demut. Viele Jahrhunderte ist dieser forsche Begriff zur Demütigung anderer verwendet worden. Demut heißt »dienender Mut« und kommt in der Bedeutung der heutigen Zivilcourage nahe. Das meint, mutig für andere einzutreten und nicht auf den eigenen Vorteil bedacht zu sein, weil in Beherztheit mit Unerschrockenheit für das als richtig Erkannte eingetreten wird. Demut fördert die realistische Selbstschau und führt zur Gelassenheit.

Das richtige Wort zur richtigen Zeit – wie kann das gehen?

Die richtige Gelegenheit – Kairos

Einmal geht es darum, die Situation, in der ein Anderer Beratung will, zu erkennen. Sie findet eventuell zwischen Tür und Angel oder während gemeinsam etwas anderes getan wird, statt. Ort, Zeit und Person erscheinen dem Ratsuchenden günstig, die Lösung des Problems möglich. Danach ist die volle Konzentration gefragt. Wovon spricht der Andere? Kann ich Schlüsselworte identifizieren? Was ist gemeint? Was ist das Wesentliche seiner Botschaft, das sich manchmal hinter vielen Worten versteckt oder nebenbei hingeworfen wird. Was hört der Beratende? Was ist seine Aufgabe, wie kann er helfen?

Zuhören

Erfassen ohne Bewerten

Es geht darum, sich nicht in Einzelheiten verstricken zu lassen, sondern den Kern zu erfassen. Was ist das Problem, das zu schaffen macht? Was bedeutet dies für den Menschen, der mich anspricht? Wie ist er gestrickt, was kann ich von ihm beim Erzählen hören? Wie ist er bisher mit Lebensangelegenheiten umgegangen und mit Problemen klargekommen? Die unterschiedlichen Wirklichkeitskonstrukte menschlichen Lebens sind im Hinterkopf. Dadurch kann jede, auch innere Bewertung unterlassen werden. In diesem Zusammenhang gibt es kein Richtig oder Falsch. Jeder Mensch interpretiert das, was er erlebt oder ihm widerfährt, anders.

Angemessenes Einordnen

Der eigene Anspruch (siehe Seite 90) ist geklärt. Ich bin mit mir und meiner Person im Reinen und strebe mit und für den Anderen das Machbare an. Wie kann einem Menschen in dieser

Situation und in diesem Augenblick eine Fährte eröffnet werden, der ihm einen Ausweg aus der Enge weist? Schaffe ich es, mit dem Anderen zu schwingen und Leichtes zwischen uns entstehen zu lassen, das eine eigene Dimension entwickelt? Ein weiter Raum kann sich entfalten. Es gilt, auf eigene Selbstdarstellung und Großartigkeit zu verzichten. Auch muss ich nicht den gesamten Problembereich für mich oder vor dem Anderen analysieren, es braucht nicht alles in Gänze verstanden zu werden. Die Achtung vor der Person des Anderen verbietet die Idee, das komplexe Gesamtwerk dieses Menschen in einer Begegnung erfassen zu können. Im Gegenüber liegt die Ressource, die Kraft zur Veränderung. Ich bin sein kurzzeitiger Mitarbeiter.

Das entgegengebrachte Vertrauen und die Hoffnung auf eine Lösung werden gestärkt. Dies kann eine zugewandte Körperhaltung und ein freundliches, offenes Gesicht leisten.

Agieren
Dezentrieren

Dreht sich ein Konfliktkarussell im Kopf des Anderen? Wie kann es unterbrochen werden (Dezentrierung, siehe Teil 1). Welche Bilder stellen sich in meinem Kopf zu seinem Problem ein; was fällt mir dazu an Gedichten, Worten und Geschichten ein? Was kann etwas bewirken? Was passt wirklich zum Anderen? Was wird er verstehen, wenn ich ihm diesen Satz sage? Kann mein Wort Heilendes bringen, auch wenn ich meine, dass der Hörende es nicht verstehen kann?

In erster Linie soll ein Schritt aus dem Karussell ermöglicht werden. Denn dann kann man aus einer anderen Perspektive auf das Problem schauen, sozusagen aus einer Meta-Ebene. Das führt dazu, dass sich im Gehirn automatisch eine Lösungssuche einstellt. Denn dann findet die Lösung das Problem.

Der richtige Satz

Was fühlen Beratende, wenn ein Ausstieg aus dem Karussell möglich wird? Es ist wichtig, sich Rechenschaft abzulegen. Denn viele Entscheidungen werden nicht vom denkenden Neocortex getroffen, sondern sind stark beeinflusst vom limbischen System. Ist der »Felt Sense« da, etwas einfach übersetzt: Stimmt das Bauchgefühl? Was sagt die Mitte? Welcher Satz ist da und ist der Richtige?

Es war im Rahmen eines Fortbildungsseminares. Ein ehrenamtlich im Trauercafé Tätiger sprach mich beim Spaziergang in der Pause an. Ihm gefielen meine Ausführungen über die Kurzzeitberatungen und erzählte dann von seiner Mutter. Sie sei jetzt 91 Jahre und ihr gemeinsames Verhältnis nicht nur, wie er schmunzelnd betonte, langwierig, es sei auch schwierig. Ihre Ansprüche an ihn führten zu unendlichen Spannungen zwischen ihnen und er hatte alle Hoffnung auf Besserung aufgegeben. Meine Überlegungen zu kurzen Interventionen hätten ihn aber aufgerüttelt und ihm Mut gemacht, sodass er jetzt glaubt, es könne sich doch noch etwas zwischen ihm und seiner Mutter ändern. Ich hatte genau hingehört und das Wort »Anspruch«, das er benutzt hatte, um die Schwierigkeiten mit seiner Mutter zu schildern, hatte sich in meinem Gedächtnis festgesetzt. Also antwortete ich: »Offensichtlich ist die Beziehung zu Ihrer Mutter sehr lebendig, denn Ihre Mutter spricht Sie (den Sohn) an!« Es trat Schweigen ein und wir kamen zum Tagungshaus zurück. Er sagt: »Ups. So habe ich das noch nie betrachtet – danke.«

Loslassen auf Zukunft hin

Der Beratende ist ausgesucht worden, er war zum richtigen Zeitpunkt am richtigen Ort und er hat den richtigen Satz gesagt, weil er sozusagen die erwählte Person war. Er hat Räume eröffnet für sich bewegende Energien. Es ist geschehen, denn nicht alles ist machbar. Nun gilt es, den fast magischen Moment loszulassen. Der Zauber des Augenblicks wird bleiben. Der Wille des Suchenden, der für sich und sein Problem eine Herausführung aus der Sackgasse wollte, steuerte in die Situation, zur gesuchten Beratungsperson und zur Antwort. Das wird nachhaltig bleiben. Der Satz und die erlebte Situation werden beim Ratsuchenden im Alltag nachwirken. Hilfe und Heilung werden sich entwickeln.

Zum Mitnehmen

Menschen in schweren Situationen, in Trauer beizustehen, bedeutet in erster Linie, die eigene Persönlichkeit zu schulen und zu pflegen. Trauerbegleitung bedeutet, einen anderen Menschen in der Entwöhnungsphase von dem Gegangenen beizustehen, die gefühlsmäßige Ablösung zu unterstützen, bei der Anpassung an eine veränderte Umwelt zu helfen und ihn in ein neues Leben zu geleiten. Dadurch erreicht der Trauernde ein anderes Selbst- und Weltverständnis. Trauerbegleitung kann und darf nur kurze Zeit beanspruchen. Das richtige Wort zur richtigen Zeit gibt Trauernden Kraft und Schwung für das neue Dasein. Die Begleitenden zeichnen sich durch die hervorragende Eigenschaft aus, loszulassen, denn dadurch kann der Traurige in ein neues, anderes Leben entlassen werden. Es gilt auch, den Begleitenden hinter sich zu lassen, was schwer für den Begleitenden ist, aber auch er gehört zum vorherigen Leben.

Literatur

Achterberg, J. (1990). Gedanken heilen. Reinbek.
Bemmann, H., Das Ei. http://antales.de/BemmannDasEi.pdf
Bhabha, H. K. (2000). Die Verortung der Kultur. Mit einem Vorwort von Elisabeth Bronfen. Stuttgart.
Bibel (1975). Revidierter Luthertext. Stuttgart.
Böhm, W. (1994). Wörterbuch der Pädagogik. Stuttgart.
Bohm, D. (1998). Der Dialog. Das offene Gespräch am Ende der Diskussionen. Stuttgart.
Bohm, D. (2004). On creativity. New York.
Bonelli, R. M. (2013). Selber Schuld! München.
Brown, S., Nesse, R. M., Vinokur, A. D., Smith, D. M. (2003). Providing social support may be more beneficial than receiving it: Results from a prospective study of mortality. Psychological Science, 14, 320–327.
Buber, M. (2008). Ich und Du. Stuttgart: Reclam.
Bühler, K. (1918). Die geistige Entwicklung des Kindes (6. Aufl.). Jena.
Buer, F., Schmidt-Lellek, C. (2008). Life-Coaching. Göttingen.
Bürgi, A., Eberhart, H. (2006). Beratung als strukturierter und kreativer Prozess – Ein Lehrbuch für die ressourcenorientierte Praxis. Göttingen.
Cameron, J. (2000). Der Weg des Künstlers. Ein spiritueller Pfad zur Aktivierung unserer Kreativität. München.
Chouraqui, A. (1975). Die Hebräer. Geschichte und Kultur zur Zeit der Könige und Propheten. Stuttgart.
Christ in der Gegenwart (CIG). 4/2017.
Csíkszentmihályi, M. (1990). Flow. Das Geheimnis des Glücks. Stuttgart.
Eberhart, H., Knill, P. J. (2009). Lösungskunst, Lehrbuch der kunst- und ressourcenorientierten Arbeiten. Göttingen.
Fisher, L. (2010). Schwarmintelligenz. Frankfurt a. M.
Franke, I. (2009). Lichtblitze und Gehirnwellen, Neurofeedback aus künstlerischer und neurobiologischer Sicht. 6. Forum Wissenschaft und Kunst der Schering Stiftung. Berlin.
Frankl, V. E. (1946/1987). Ärztliche Seelsorge. Grundlagen der Logotherapie und Existenzanalyse (4., vom Autor durchges., verbess. und erg. Aufl.). Frankfurt a. M.

Frankl, V. E. (1974). Der unbewusste Gott. München.
Frankl, V. E. (1975). Psychotherapie für den Laien. Freiburg.
Frankl, V. E. (1982). Der Wille zum Sinn (3. Aufl.). Bern.
Frankl, V. E. (1984). Der leidende Mensch (2. Aufl.). Bern.
Frankl, V. E. (1996) ... trotzdem Ja zum Leben sagen (14. Aufl.). München.
Freire, P. (1971). Pädagogik der Unterdrückten. Stuttgart.
Fowler, J. W. (1991). Stufen des Glaubens. Psychologie der menschlichen Entwicklung und die Suche nach Sinn. Gütersloh.
Gärtner, H. (1997). Praktische Theologie im Gespräch mit der Logotherapie. Logotherapie und Existenzanalyse, 1, 25–45.
Gärtner, H. (2004). Federn lassen und trotzdem schweben ... Gütersloh.
Gärtner, H. (2004). Gute Gespräche führen ... Gütersloh.
Gärtner, H. (2006). Geistliche Begleitung kann mehr. Informationen, 5, 10, 11.
Gärtner-Schultz, H. (2016). Kompaktberatung auf Grundlage der Dezentrierung. Masterarbeit an der Hochschule für Gesundheit. Hamburg.
Grundl, B. (2009). Steh auf! (4. Aufl.). Berlin.
Hartmann, O. (o. J.). Jonglieren lernen in 60 Minuten. Hrsg. von der Stadtsparkasse Düsseldorf. Düsseldorf.
Heimes, S. (2014). Schreiben als Selbstcoaching. Göttingen.
Heise, H. (2002). Umkehren und wie ein Kind werden. Die aktuelle Bedeutung der Neotenie der Menschheit. Bielefeld.
Hell, D. (2003). Die Wüstenväter als Therapeuten. Studioheft 40. ORF.
Hirschhausen, E. von (2016). Wunder wirken Wunder. Hamburg.
Hoffsümmer, W. (1983). Kurzgeschichten 2. Mainz.
Hüther, G. (1999). Wie aus Stress Gefühle werden – Betrachtungen eines Hirnforschers. Göttingen.
Hüther, G. (2005). Bedienungsanleitung für ein menschliches Gehirn. Göttingen.
James, W. (1902/1997). Die Vielfalt religiöser Erfahrung. Frankfurt a. M.
Jiménez, F. (2015). 3:1. Welt am Sonntag (Wissen) vom 26.4.2015.
Jonson, S. (2000). Die Mäusestrategie für Manager. Kreuzlingen/München.
Kabat-Zinn, J. (2003). Gesund durch Meditation (9. Aufl.). Bern.
Kabat-Zinn, J. (2007). Im Alltag Ruhe finden. Frankfurt am Main.
Kast, V. (2006). Mit Worten berühren. Plenarvortrag im Rahmen der 56. Lindauer Psychotherapiewochen. Lindau.
Klein, J. (2012). Der Geistesblitz. Deutschlandfunk vom 28.05.2012.
Knill, P. J. (2005). Kunstorientiertes Handeln in der Begleitung von Veränderungsprozessen. Gesammelte Aufsätze zur Methodik, Ästhetik und Theorie. Zürich.
Langner, A. (2011). Körper und Geschlecht. In M. Dederich, W. Jantzen, R. Walthes (Hrsg.), Sinne, Körper und Bewegung. Behindurng, Bildung, Partizipation. Enzyklopädisches Handbuch der Behindertenpädagogik, Band 9. Stuttgart.

Lilienfeld, F. (1989). Das Herz zum Verstand neigen. Altrussische Heilige des Beginns. Freiburg.

Lionni, L. (2016). Swimmy. Weinheim.

Miller, B. (1965). Weisungen der Väter. Freiburg.

Olsen, A. (1997). Körpergeschichten: Das Abenteuer der Körpererfahrung (2. Aufl.). Freiburg.

Petzold, H. (1988). Die vier Wege der Heilung. In H. Petzold, Integrative Bewegungs- und Leibtherapien. Paderborn.

Petzold, H. (1993). Integrative fokale Kurzzeittherapie (IFK) und Fokaldiagnostik. In H. Petzold, J. Sieper (Hrsg.), Integration und Kreation. Paderborn.

Piaget, J. (1983). Meine Theorie der geistigen Entwicklung. Frankfurt a. M.

Poincaré, R. (1969). Intuition and logic in mathematics. Mathematics Teacher, 62 (3).

Rosenzweig, R. (Hrsg.) (2010). Geistesblitz und Neuronendonner. Paderborn.

Roth, G., Grün, K. (Hrsg.) (2006). Das Gehirn und seine Freiheit – Beiträge zur neurowissenschaftlichen Grundlegung der Philosophie. Göttingen.

Schorn, U. (2009). Der »Life/Art Process« – Bausteine für kreatives Handeln. In G. Wittmann, U. Schorn, R. Land (Hrsg.), Anna Halprin. Tanz – Prozesse – Gestalten. München.

Schwebach, R. (2011). Fröhlich sein, Gutes tun und die Spatzen pfeifen lassen. Lahr.

Shazer, S. de (2004). Der Dreh. Überraschende Wendungen und Lösungen in der Kurzzeittherapie (8. Aufl.). Heidelberg.

Sloterdijk, P. (1988). Zur Welt kommen – Zur Sprache kommen. Frankfurter Vorlesungen. Frankfurt a. M.

Tenzer, E. (2005). Geben, ohne zu nehmen? Psychologie Heute, 11, 8.